초등 시원스쿨
기초영어법 ①

이시원 지음

시원초등스쿨

시원스쿨
초등 기초영어법 1

초판 1쇄 발행   2021년 1월 8일
초판 13쇄 발행 2024년 11월 1일

지은이 이시원
펴낸곳 (주)에스제이더블유인터내셔널
펴낸이 양홍걸 이시원

홈페이지 www.siwonschool.com
주소 서울시 영등포구 영신로 166 시원스쿨
교재 구입 문의 02)2014-8151
고객센터 02)6409-0878

ISBN 979-11-6150-438-4 63740
Number 1-020303-22222608-06

여러분, 안녕하세요? 이시원 선생님이에요.
여러분 중에 '나는 평생 영어를 한 마디도 못해도 괜찮아.'라고 생각하는 친구들이 있나요?
선생님은 그런 친구들은 아무도 없을 거라고 생각해요.

그렇게 말하는 친구들이 있다면 아마도 아직은 영어와 친하지 않거나
영어로 말하는 것이 두려운 친구들일 거라고 생각해요.
만약 그렇다면, 선생님이 영어와 친해지고 쉽게 공부할 수 있는 방법을 가르쳐 줄게요!

Step 1 문장의 기본 구조 배우기!

많은 것을 공부하면서 대충 지나가는 것보다, 하나를 배우더라도 완전하게 습득하는 것이 중요해요.
단어는 많이 아는데 어떻게 문장을 만드는지 모른다면 말을 할 수 없잖아요?
이미 알고 있는 단어와 단어를 잘 연결하는 것만으로도 문장이 되는 비법이 있답니다.

Step 2 듣고 따라하기!

원어민의 음성을 들으면서 정확한 표현을 익히고, 잊어버리지 않도록 반복하는 것도 중요해요!
배운 표현이 입에서 자동으로 튀어나올 때까지 여러 번 말해 보는 거죠.
한 마디를 하더라도 자신 있게 말하려면, 반복 연습하면서 완전히 내 것으로 만드는 "습득"의 과정이 필요해요.

Step 3 스스로 말하기!

반복 연습으로 말이 자동적으로 튀어나올 수 있는 상태가 되면, 배운 내용을 활용해서 스스로 문장을 생각해 내고 말을 할 수도 있어요. 내가 하고 싶은 말을 영어로 표현할 수 있다면 영어가 점점 더 재미있어지겠죠?

이런 방식으로 여러분이 <초등 기초영어법>을 모두 공부하고 나면, 영어가 좀 더 친숙하게 다가올 거예요.
영어가 어렵다고 생각했던 친구들도 영어가 쉽고 재미있다고 느낄 수 있을 거예요.

똑같이 간단한 표현이라도 I am a boy. She is a girl.보다는
I am Siwon. She is my friend.와 같이 실용적인 표현을 배우는 게 훨씬 좋겠죠?
이렇게 실생활에서 더 자주 쓰이는 말들이 <초등 기초영어법>에는 가득하니까 끝까지 함께 공부하기를 바라요!

모든 친구들의 영어 공부를 이시원 선생님이 응원합니다!

시원스쿨 대표강사
이시원

공부할 차례

이 책으로 공부하는 법

단어연결법 배우기

영어로 말하기를 시작하려면 문장을 만드는 법을 알아야
해요. 알고 있던 영단어를 어떻게 연결하는지 방법만 알면
말이 술술~ 마법 같은 단어연결법을 배워보세요.

Target Vocabulary / Check Up

이번 UNIT에서는 어떤 단어들이 나올까요?
Target Vocabulary에서 확인해보고, 몰랐던 단어가 있
다면 외워 두세요. Check Up으로 말하기를 위한 문장들
을 가볍게 익혀보세요.

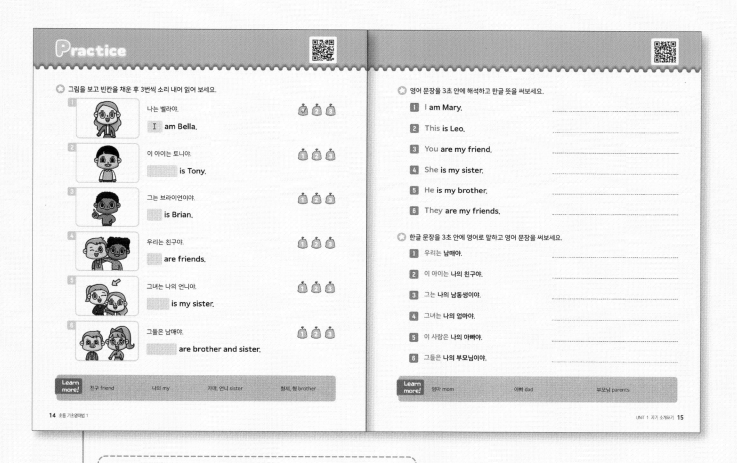

Practice

그림을 보고 빈칸을 채운 후 3번씩 소리 내어 읽어 보세요.

1. 나는 벨라야.
   I am Bella.

2. 이 아이는 토니야.
   ___ is Tony.

3. 그는 브라이언이야.
   ___ is Brian.

4. 우리는 친구야.
   ___ are friends.

5. 그녀는 나의 언니야.
   ___ is my sister.

6. 그들은 남매야.
   ___ are brother and sister.

Learn more! 친구 friend 나의 my 자매, 언니 sister 형제, 형 brother

14 초등 기초영어법 1

영어 문장을 3초 안에 해석하고 한글 뜻을 써보세요.

1. I am Mary. _____
2. This is Leo. _____
3. You are my friend. _____
4. She is my sister. _____
5. He is my brother. _____
6. They are my friends. _____

한글 문장을 3초 안에 영어로 말하고 영어 문장을 써보세요.

1. 우리는 남매야. _____
2. 이 아이는 나의 친구야. _____
3. 그는 나의 남동생이야. _____
4. 그녀는 나의 엄마야. _____
5. 이 사람은 나의 아빠야. _____
6. 그들은 나의 부모님이야. _____

Learn more! 엄마 mom 아빠 dad 부모님 parents

UNIT 1 자기 소개하기 15

Practice

빈칸 채우기, 영어 해석하기, 우리말 영어로 말하기 연습을 통해 이번 UNIT에서 배운 단어연결법을 연습해보세요. 완벽하게 할 수 있게 되면 영어로 말이 술술 나올 거예요!

이 책으로 공부하는 법

Conversation

귀여운 친구들이 나오는 만화로 배운 내용을 복습해보세요. 친구들이
하는 말을 상상하며 빈칸을 채우면 어느새 만화를 완성할 수 있어요.

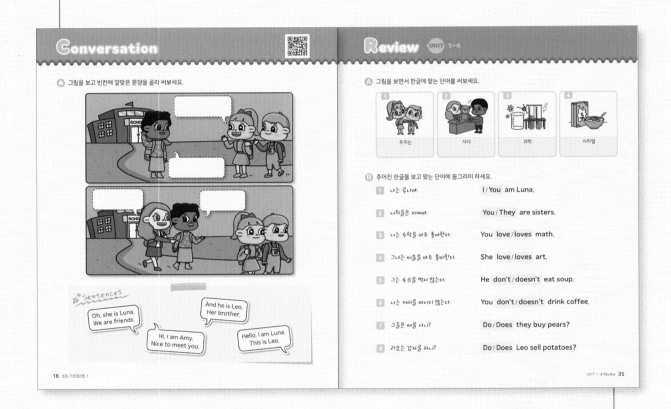

Review

중간중간 배운 내용을 잘 기억하고 있는지 체크할 수 있는
Review가 있어요. 가볍게 문제를 풀면서 기억력을 높여보세요.

<초등 기초영어법> 속 친구들 소개

Bella 벨라

Tony 토니

Jason 제이슨

Luna 루나

Leo 리오

Amy 에이미

Zetty 제티

Brian 브라이언

공부 완성표

★ 중간에 멈추지 않고 끝까지 공부하는 습관은 매우 중요해요. UNIT의 공부를 완료할 때마다 공부한 날짜를 적고 외계인 친구를 색칠해 보세요. 20명의 외계인 친구가 완성되면 미션 성공!

공부한 내용	날짜		공부한 내용	날짜	
UNIT 1 자기 소개하기		월 일	**UNIT 11** 상태나 성격에 대해 물어보기		월 일
UNIT 2 무엇을 좋아하는지 말하기		월 일	**UNIT 12** 어디에 있는지 말하기		월 일
UNIT 3 무엇을 하지 않는지 말하기		월 일	**UNIT 13** '이것'과 '저것' 표현하기		월 일
UNIT 4 무엇을 하는지 물어보기		월 일	**UNIT 14** 요일과 날씨 말하기		월 일
UNIT 5 '누구를' 표현하기		월 일	**UNIT 15** 무엇이 있는지 말하기		월 일
UNIT 6 평소에 하는 일 말하기		월 일	**UNIT 16** 셀 수 없는 것 표현하기		월 일
UNIT 7 평소에 하지 않는 일 말하기		월 일	**UNIT 17** 지금 하고 있는 일 말하기		월 일
UNIT 8 평소에 하는 일 물어보기		월 일	**UNIT 18** 지금 하고 있지 않은 일 말하기		월 일
UNIT 9 감정과 관계 표현하기		월 일	**UNIT 19** 지금 하는 일 물어보기		월 일
UNIT 10 아닌 것 말하기		월 일	**UNIT 20** 무엇을 하는지 물어보기		월 일

자기
소개하기

나는 루나야.
I am Luna.

자기 소개하기

Target Sentence

나는 루나야.

I am Luna.

문장이란 누가 무엇을 했는지를 나타내는 것으로, 영어의 문장에는 반드시 주어와 동사가 있어야 해요. 주어는 문장에서 동작을 하는 주체를 말하고, 우리말의 '~은, ~는, ~이, ~가'로 해석할 수 있어요. 동사는 주어의 동작이나 상태를 나타내는 말로, 우리말의 '~하다' 혹은 '~이다'로 해석할 수 있어요. 주어의 상태나 기분, 또는 주어의 신분을 알려주는 동사를 be동사라고 하는데, 주어에 따라 형태가 달라지는 특징이 있어요.

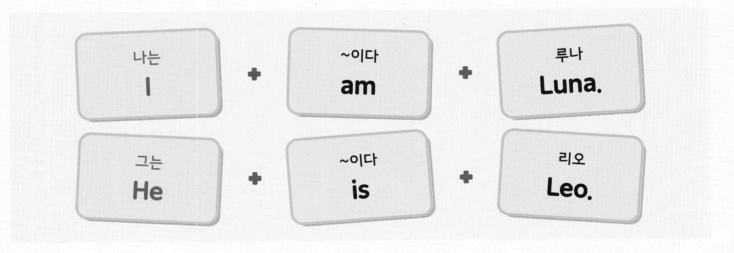

Key Point

주어 + be동사				
인칭	단수 주어	be동사	복수 주어	be동사
1인칭	I	am	We	
2인칭	You	are	You	
3인칭	He			are
	She	is	They	
	This			

TIP this는 사람을 소개할 때 '이 사람은, 이 분은, 이 아이는'이라는 의미로 사용할 수 있어요.

Target Vocabulary

나는 I

너는 You

그는 He

그녀는 She

우리는 We

너희들은 You

그들은 They

 주어진 한글을 보고 맞는 단어에 동그라미 하세요.

1. 나는 루나야.　　　　　(I)/ You am Luna.

2. 너는 리오야.　　　　　We / You are Leo.

3. 그는 토니야.　　　　　We / He is Tony.

4. 그녀는 벨라야.　　　　He / She is Bella.

5. 우리는 형제야.　　　　We / You are brothers.

6. 너희들은 자매야.　　　You / They are sisters.

7. 그들은 나의 친구야.　　He / They are my friends.

8. 토니와 벨라는 나의 친구야.　Tony and Bella is / are my friends.

그림을 보고 빈칸을 채운 후 3번씩 소리 내어 읽어 보세요.

1

나는 벨라야.

I am Bella.

2

이 아이는 토니야.

is Tony.

3

그는 브라이언이야.

is Brian.

4

우리는 친구야.

are friends.

5

그녀는 나의 언니야.

is my sister.

6

그들은 남매야.

are brother and sister.

영어 문장을 3초 안에 해석하고 한글 뜻을 써보세요.

1 I am Mary.

_____

2 This is Leo.

_____

3 You are my friend.

_____

4 She is my sister.

_____

5 He is my brother.

_____

6 They are my friends.

_____

한글 문장을 3초 안에 영어로 말하고 영어 문장을 써보세요.

1 우리는 남매야.

_____

2 이 아이는 나의 친구야.

_____

3 그는 나의 남동생이야.

_____

4 그녀는 나의 엄마야.

_____

5 이 사람은 나의 아빠야.

_____

6 그들은 나의 부모님이야.

_____

Learn more!	엄마 mom	아빠 dad	부모님 parents

Conversation

⭐ 그림을 보고 빈칸에 알맞은 문장을 골라 써보세요.

☆ Sentences

Oh, she is Luna. We are friends.

And he is Leo, her brother.

Hi, I am Amy. Nice to meet you.

Hello, I am Luna. This is Leo.

UNIT 2

무엇을 좋아하는지 말하기

나는 미술을 좋아한다.
I like art.

무엇을 좋아하는지 말하기

Target Sentence
나는 미술을 좋아한다.
I like art.

영어에서 가장 기본이 되는 것은 문장이고, 주어와 동사만 있으면 기본적인 문장을 만들 수 있어요. '나는 ~한다'라는 문장을 만들려면 주어+동사를 쓰면 돼요. 동사는 주체의 움직임 혹은 상태를 나타내는 단어로, 주어에 따라서 형태를 그대로 유지하기도 하고, 바뀌기도 해요. 주어가 I, you, we, they(1, 2인칭, 복수형)일 때는 동사원형을 그대로 쓰고, he, she(3인칭 단수형)일 때는 동사원형에 -s나 -es를 붙여줘요.

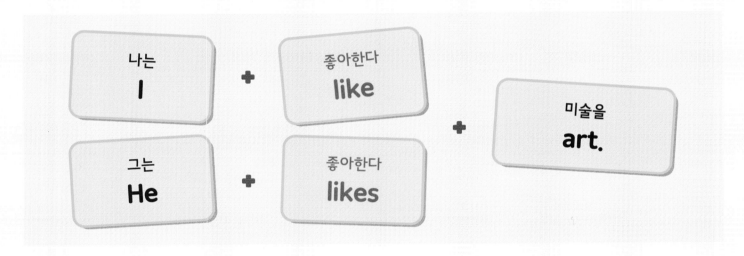

Key Point

주어	동사	목적어
I You We They	like	art.
He She	likes	

TIP like: 좋아하다 / love: 아주 좋아하다

 Target Vocabulary

영어 English

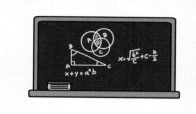

수학 math

과학 science

미술 art

음악 music

체육 P.E.

⭐ 주어진 한글을 보고 맞는 문장에 체크하세요.

1	나는 영어를 좋아한다.	☑ I like English. ☐ I likes English.
2	너는 수학을 아주 좋아한다.	☐ You love math. ☐ You loves math.
3	그는 과학을 좋아한다.	☐ He like science. ☐ He likes science.
4	그녀는 미술을 아주 좋아한다.	☐ She love art. ☐ She loves art.
5	우리는 음악을 아주 좋아한다.	☐ We love music. ☐ We loves music.
6	그들은 체육을 좋아한다.	☐ They like P.E. ☐ They likes P.E.

Practice

⭐ 사진을 보고 빈칸을 채운 후 3번씩 소리 내어 읽어 보세요.

 나는 음악을 좋아한다.

I _____ music.

 그녀는 과학을 아주 좋아한다.

She _____ science.

 우리는 미술과 체육을 아주 좋아한다.

We _____ art and P.E.

 그들은 역사를 싫어한다.

They _____ history.

그녀는 영어를 좋아하고 그는 국어를 좋아한다.

너는 영어를 좋아하고 그는 국어를 좋아한다.

You _____ English, and he _____ Korean.

 그는 수학을 아주 좋아하고 그녀는 수학을 싫어한다.

He _____ math, and she _____ math.

| **Learn more!** | 그리고 and | 싫어하다 hate | 역사 history | 국어 Korean |

영어 문장을 3초 안에 해석하고 한글 뜻을 써보세요.

1 I like science. _____

2 We love history. _____

3 He hates math. _____

4 She loves music. _____

5 They study English. _____

6 You like art but hate P.E. _____

한글 문장을 3초 안에 영어로 말하고 영어 문장을 써보세요.

1 그들은 체육을 좋아한다. _____

2 그는 음악을 아주 좋아한다. _____

3 우리는 과학을 싫어한다. _____

4 그녀는 영어를 좋아한다. _____

5 너는 역사를 공부한다. _____

6 나는 수학을 배운다. _____

Learn more!

공부하다 study   그러나 but   배우다 learn

⭐ 그림을 보고 빈칸에 알맞은 문장을 골라 써보세요.

☆ Sentences

I love music.

She likes art.

He likes science.

They like P.E.

무엇을 하지 않는지 말하기

나는 커피를 마시지 않는다.
I don't drink coffee.

UNIT 3 무엇을 하지 않는지 말하기

나는 커피를 마시지 않는다.

I don't drink coffee.

'~하지 않는다'라고 말하는 문장을 부정문이라고 해요. 부정문을 표현할 때에는 not이 필요하고, 특히 일반동사의 부정문을 표현할 때에는 do not, 혹은 does not을 써서 하지 않는 것에 대해 말할 수 있어요. 주어가 I, you, we, they(1, 2인칭, 복수형)일 때는 don't+동사원형, 주어가 he, she(3인칭 단수형)일 때는 doesn't+동사원형을 쓰면 돼요.

나는 **I**	+	마시지 않는다 **don't drink**		
그녀는 **She**	+	마시지 않는다 **doesn't drink**	+	커피를 **coffee.**

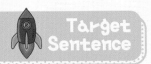

Key Point

주어	동사	목적어
I You We They	don't drink	coffee.
He She	doesn't drink	

Target Vocabulary

먹다 eat

시리얼 cereal

샐러드 salad

수프 soup

마시다 drink

우유 milk

탄산음료 soda

커피 coffee

⭐ 주어진 한글을 보고 맞는 표현에 체크하세요.

1	나는 시리얼을 먹지 않는다.	I	☐ don't eat ☐ doesn't eat	cereal.
2	우리는 샐러드를 먹지 않는다.	We	☐ don't eat ☐ doesn't eat	salad.
3	그는 수프를 먹지 않는다.	He	☐ don't eat ☐ doesn't eat	soup.
4	그들은 우유를 마시지 않는다.	They	☐ don't drink ☐ doesn't drink	milk.
5	그녀는 탄산음료를 마시지 않는다.	She	☐ don't drink ☐ doesn't drink	soda.
6	너는 커피를 마시지 않는다.	You	☐ don't drink ☐ doesn't drink	coffee.

Practice

⭐ 사진을 보고 빈칸을 채운 후 3번씩 소리 내어 읽어 보세요.

1. 나는 수프를 먹지 않는다.

   I ____ ____ soup.

2. 너는 탄산음료를 마시지 않는다.

   You ____ ____ soda.

3. 우리는 타코를 먹지 않는다.

   We ____ ____ tacos.

4. 그는 우유를 마시지 않는다.

   He ____ ____ milk.

5. 그녀는 스테이크를 먹지 않는다.

   She ____ ____ steak.

6. 그들은 커피 또는 홍차를 마시지 않는다.

   They ____ ____ coffee or tea.

Learn more! 타코 tacos   스테이크 steak   또는, 혹은 or   홍차 tea

⭐ 영어 문장을 3초 안에 해석하고 한글 뜻을 써보세요.

1 We don't eat cereal.

_____

2 You don't eat salad.

_____

3 He doesn't drink soda.

_____

4 She doesn't eat sushi.

_____

5 I don't drink lemonade.

_____

6 They don't drink water.

_____

⭐ 한글 문장을 3초 안에 영어로 말하고 영어 문장을 써보세요.

1 나는 샐러드를 먹지 않는다.

_____

2 우리는 우유를 마시지 않는다.

_____

3 그녀는 커피를 마시지 않는다.

_____

4 그들은 스테이크를 먹지 않는다.

_____

5 너희들은 홍차를 마시지 않는다.

_____

6 그는 타코나 피자를 먹지 않는다.

_____

Learn more!   초밥 sushi   레모네이드 lemonade   물 water   피자 pizza

그림을 보고 빈칸에 알맞은 문장을 골라 써보세요.

UNIT 4

무엇을 하는지 물어보기

너는 사과를 사니?
Do you buy apples?

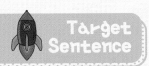
Target Sentence

너는 사과를 사니?
Do you buy apples?

무언가 물어보고 싶을 때 쓸 수 있는 문장을 의문문이라고 해요. 의문문은 일반적으로 주어와 동사의 자리를 바꿔서 만들 수 있어요. 하지만 일반동사의 의문문을 만들 때에는 부정문에서 do, does를 사용한 것처럼 의문문에서도 do, does 동사를 사용해야 해요. 주어가 I, you, we, they(1, 2인칭, 복수형)일 때는 Do+주어+동사원형~?, 주어가 he, she(3인칭 단수형)일 때는 Does+주어+동사원형~?을 쓰면 돼요. 대답할 때에는 do로 물어보면 do로, does로 물어보면 does로 대답할 수 있어요.

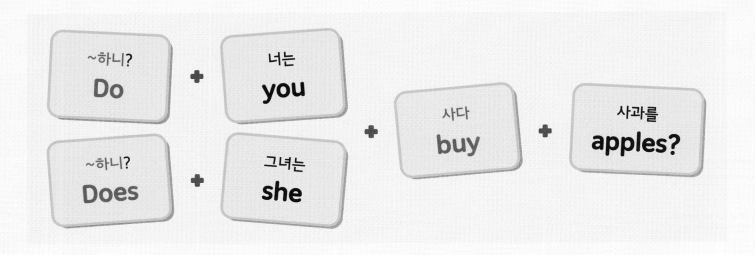

~하니?
Do + 너는 **you**

~하니?
Does + 그녀는 **she**

+ 사다 **buy** + 사과를 **apples?**

Key Point

Do 동사	주어	동사원형	목적어	대답
Do	I you we they	buy	apples?	Yes, 주어 do. No, 주어 don't.
Does	he she			Yes, 주어 does. No, 주어 doesn't.

 **Target Vocabulary**

사다 buy

사과 apple

배 pear

포도 grapes

팔다 sell

당근 carrot

양파 onion

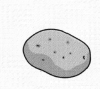

감자 potato

⬦ 주어진 한글과 영어 문장을 보고 맞는 의문문에 체크하세요.

1	너는 사과를 산다.	You buy apples.	☐ Buy you apples? ☐ Do you buy apples?
2	우리는 양파를 판다.	we sell onions.	☐ Sell we onions? ☐ Do we sell onions?
3	그는 포도를 산다.	He buys grapes.	☐ Does he buy grapes? ☐ Does he buys grapes?
4	그들은 배를 산다.	They buy pears.	☐ Do they buy pears? ☐ Does they buy pears?
5	그녀는 당근을 산다.	She buys carrots.	☐ Does she buy carrots? ☐ Does she buys carrots?
6	리오는 감자를 판다.	Leo sells potatoes.	☐ Do Leo sell potatoes? ☐ Does Leo sell potatoes?

Practice

⭐ 사진을 보고 빈칸을 채운 후 3번씩 소리 내어 읽어 보세요.

1 너는 사과를 사니?

[   ] you [   ] apples?

🛍①　🛍②　🛍③

2 그녀는 당근을 사니?

[   ] she [   ] carrots?

🛍①　🛍②　🛍③

3 그는 브로콜리를 파니?

[   ] he [   ] broccoli?

🛍①　🛍②　🛍③

4 너희들은 콩을 파니?

[   ] you [   ] beans?

🛍①　🛍②　🛍③

5 그녀는 샐러드를 자주 먹니?

[   ] she [   ] salad often?

🛍①　🛍②　🛍③

6 그들은 우유를 매일 마시니?

[   ] they [   ] milk every day?

🛍①　🛍②　🛍③

Learn more!	브로콜리 broccoli	콩 bean	자주 often	매일 every day

✿ 영어 문장을 3초 안에 해석하고 한글 뜻을 써보세요.

1 Do you buy potatoes? _____

2 Does he sell onions here? _____

3 Do they like apples and pears? _____

4 Does she hate broccoli? _____

5 Do we eat lunch at 12:00? _____

6 Does Luna drink juice often? _____

✿ 한글 문장을 3초 안에 영어로 말하고 영어 문장을 써보세요.

1 그는 포도를 좋아하니? _____

2 너는 양파를 싫어하니? _____

3 너희들은 배를 사니? _____

4 그들은 당근을 파니? _____

5 리오는 점심을 먹니? _____

6 벨라는 커피를 마시니? _____

Learn more! 여기에서 here   점심 식사 lunch   ~시에 at   주스 juice

Conversation

그림을 보고 빈칸에 알맞은 문장을 골라 써보세요.

A 그림을 보면서 한글에 맞는 단어를 써보세요.

1 	2 	3 	4 
우리는	사다	과학	시리얼

B 주어진 한글을 보고 맞는 단어에 동그라미 하세요.

1 나는 루나야.   I / You am Luna.

2 너희들은 자매야.   You / They are sisters.

3 너는 수학을 아주 좋아한다.   You love / loves math.

4 그녀는 미술을 아주 좋아한다.   She love / loves art.

5 그는 수프를 먹지 않는다.   He don't / doesn't eat soup.

6 너는 커피를 마시지 않는다.   You don't / doesn't drink coffee.

7 그들은 배를 사니?   Do / Does they buy pears?

8 리오는 감자를 파니?   Do / Does Leo sell potatoes?

C 사진을 보고 단어를 조합해서 문장을 완성해 보세요.

우리는 남매이다.

are   We   and   sister   brother   .

나는 과학을 좋아한다.

like   I   science   .

우리는 시리얼을 먹지 않는다.

cereal   eat   don't   We   .

그는 탄산음료를 마시지 않는다.

He   soda   drink   doesn't   .

너희들은 배를 사니?

Do   pears   buy   you   ?

그녀는 브로콜리를 싫어하니?

she   broccoli   Does   hate   ?

Self Check! 몇 문제를 맞혔는지 스스로 점검하고 체크해 보세요.

0~4 Good effort	5~8 Not bad	9~11 Good	12~15 Great	16~18 Excellent

'누구를' 표현하기

나는 그를 좋아한다.
I like him.

Target Sentence 나는 그를 좋아한다.
I like him.

주어는 문장에서 '~은, ~는, ~이, ~가'로 해석되고 동작을 하는 주체를 나타내는 말이라는 것을 배웠어요. 주어와 마찬가지로 문장을 이루는 것들 중에 목적어라는 것이 있는데, 동작을 하는 대상을 나타내는 말로 '~을, ~를'로 해석돼요. 대개 명사는 주어나 목적어로 사용되는데, 명사를 대신해서 쓰는 대명사들 역시 주어나 목적어로 쓰일 수 있어요. 이때 주어의 역할을 하는 인칭대명사를 주격 인칭대명사, 목적어의 역할을 하는 인칭대명사를 목적격 인칭대명사라고 해요.

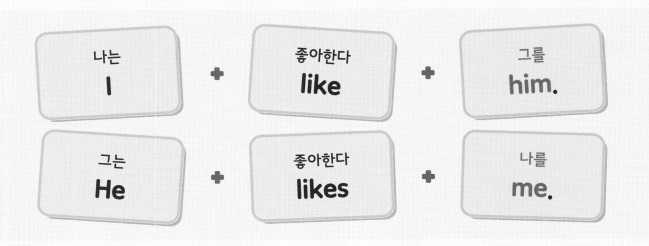

| 나는
I | + | 좋아한다
like | + | 그를
him. |
| 그는
He | + | 좋아한다
likes | + | 나를
me. |

Key Point

인칭대명사				
인칭	**단수**		**복수**	
	주격	목적격	주격	목적격
1인칭	I	me	We	us
2인칭	You	you	You	you
3인칭	He	him	They	them
	She	her		

Target Vocabulary

나를 me

너를 you

그를 him

그녀를 her

우리를 us

너희들을 you

그들을 them

좋아하다 like

싫어하다 hate

알다 know

⭐ 주어진 한글을 보고 맞는 단어에 동그라미 하세요.

1. 나는 그녀를 좋아한다.　　　　I like him / her .

2. 그는 우리를 좋아한다.　　　　He likes us / them .

3. 우리는 그를 좋아한다.　　　　We like me / him .

4. 그들은 나를 좋아한다.　　　　They like me / you .

Practice

사진을 보고 빈칸을 채운 후 3번씩 소리 내어 읽어 보세요.

나는 그들을 좋아한다.

I like _____ .

그녀는 그를 싫어한다.

She hates _____ .

애슐리는 그녀를 안다.

Ashley knows _____ .

벤과 대니는 우리를 좋아한다.

Ben and Danny like _____ .

나의 할머니는 나를 이해하신다.

My grandmother understands _____ .

존과 나는 너희들을 잘 알고 있다.

John and I know _____ **well.**

Learn more! 할머니 grandmother   이해하다 understand   잘 well

⭐ 영어 문장을 3초 안에 해석하고 한글 뜻을 써보세요.

1️⃣ I know them.

_____

2️⃣ She hates him.

_____

3️⃣ They like us.

_____

4️⃣ Leo knows me.

_____

5️⃣ My friends like her, too.

_____

6️⃣ His classmate hates you.

_____

🔵 한글 문장을 3초 안에 영어로 말하고 영어 문장을 써보세요.

1️⃣ 우리는 그를 좋아한다.

_____

2️⃣ 그들은 나를 싫어한다.

_____

3️⃣ 그는 우리를 알고 있다.

_____

4️⃣ 벨라는 그들을 싫어한다.

_____

5️⃣ 그의 엄마는 너를 아신다.

_____

6️⃣ 나의 형은 그녀를 좋아한다.

_____

| Learn more! | ~도 역시 too | 그의 his | 학급 친구 classmate |

Conversation

그림을 보고 빈칸에 알맞은 문장을 골라 써보세요.

☆Sentences

He is my classmate, Brian. He knows you.

Oh, I see.

She is my friend, Zetty. I like her. She is kind.

I don't know him.

UNIT 6

평소에 하는 일 말하기

나는 학교에 간다.
I go to school.

나는 학교에 간다.
I go to school.

영어에서 가장 기본이 되는 것을 문장이라고 하는데, 주어와 동사만 있으면 기본적인 문장을 만들 수 있어요. '나는 ~한다'라는 문장을 만들려면 주어+동사를 쓰면 돼요. 동사는 주체의 움직임 혹은 상태를 나타내는 단어로, 주어에 따라서 형태를 그대로 유지하기도 하고, 바뀌기도 해요. 평소에 하는 일에 대해 말할 때 일반동사의 현재형으로 표현할 수 있는데, 주어가 1, 2인칭, 복수형 (I, you, we, they)일 때는 동사원형을 그대로 쓰고, 주어가 3인칭 단수형(he, she)일 때는 동사원형에 -s나 -es를 붙여줘요.

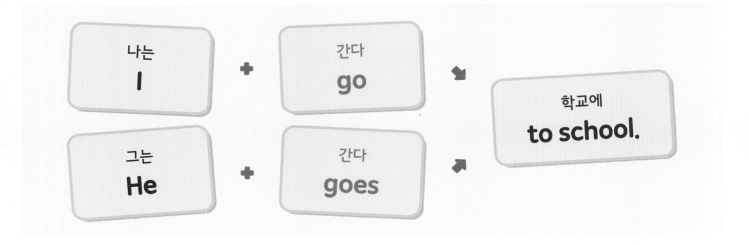

Key Point

주어	동사	구
I You We They	go	to school.
He She	goes	

Target Vocabulary

가다 go

오다 come

걷다 walk

학교 school

집 home

공원 park

⭐ 주어진 한글을 보고 맞는 문장에 체크하세요.

1	나는 학교에 간다.	☐ I go to school. ☐ I goes to school.
2	너는 집에 온다.	☐ You come home. ☐ You comes home.
3	우리는 공원에 걸어간다.	☐ We walk to the park. ☐ We walks to the park.
4	그는 집에 온다.	☐ He come home. ☐ He comes home.
5	그녀는 공원에 간다.	☐ She go to the park. ☐ She goes to the park.
6	그들은 집에 걸어간다.	☐ They walk home. ☐ They walks home.

Practice

⭐ 사진을 보고 빈칸을 채운 후 3번씩 소리 내어 읽어 보세요.

 나는 학교에 걸어간다.

I ____ to school.

 너는 공원에 간다.

You ____ to the park.

 우리는 2시 30분에 집에 온다.

We ____ home at 2:30.

 그는 매일 공원에 간다.

He ____ to the park every day.

 그녀는 정시에 학교에 온다.

She ____ to school on time.

 그들은 집에 함께 걸어간다.

They ____ home together.

Learn more!

~시에 at   매일 every day   정시에 on time   함께 together

영어 문장을 3초 안에 해석하고 한글 뜻을 써보세요.

1 I walk to the park. ----------------------

2 We go to school together. ----------------------

3 You come to school at 8 o'clock. ----------------------

4 She goes to the park alone. ----------------------

5 He walks to school with his sister. ----------------------

6 They come to school on time. ----------------------

한글 문장을 3초 안에 영어로 말하고 영어 문장을 써보세요.

1 너는 매일 공원에 간다. ----------------------

2 나는 2시에 집에 온다. ----------------------

3 우리는 학교에 걸어간다. ----------------------

4 그는 정시에 학교에 온다. ----------------------

5 그녀는 공원에 걸어간다. ----------------------

6 그들은 함께 집에 간다. ----------------------

Learn more!   정각 o'clock   혼자 alone   ~와 함께 with   여동생 sister

Conversation

⭐ 그림을 보고 빈칸에 알맞은 문장을 골라 써보세요.

✶ Sentences

I go to school with my sister.

We walk to school together.

I come home at 2:00.

She goes to the park every day.

평소에 하지 않는 일 말하기

나는 체육관에서 달리지 않는다.
I don't run at the gym.

UNIT 7 평소에 하지 않는 일 말하기

나는 체육관에서 달리지 않는다.

I don't run at the gym.

평소에 하지 않는 일을 말할 때 현재형 부정문을 사용할 수 있어요. 이전에 배웠던 것처럼 부정문을 표현할 때에는 not이 필요하고, 특히 일반동사 현재형의 부정문을 표현할 때에는 do not, 혹은 does not을 써서 하지 않는 것에 대해 말할 수 있어요. 주어가 1, 2인칭, 복수형(I, you, we, they, Luna and Leo...)일 때는 don't+동사원형, 주어가 3인칭 단수형(he, she, Luna, my friend...)일 때는 doesn't+동사원형을 쓰면 돼요.

Key Point

주어	동사	구
I You We They	don't run	at the gym.
He She	doesn't run	

Target Vocabulary

달리다 run

운동하다 work out

공부하다 study

체육관 gym

놀이터 playground

도서관 library

주어진 한글을 보고 맞는 표현에 체크하세요.

1	너는 체육관에서 달리지 않는다.	You	☐ don't run ☐ doesn't run	at the gym.
2	우리는 놀이터에서 운동하지 않는다.	We	☐ don't work out ☐ doesn't work out	at the playground.
3	그는 도서관에서 공부하지 않는다.	He	☐ don't study ☐ doesn't study	at the library.
4	그들은 체육관에서 달리지 않는다.	They	☐ don't run ☐ doesn't run	at the gym.
5	그녀는 놀이터에서 운동하지 않는다.	She	☐ don't work out ☐ doesn't work out	at the playground.
6	나는 도서관에서 공부하지 않는다.	I	☐ don't study ☐ doesn't study	at the library.

⭐ 사진을 보고 빈칸을 채운 후 3번씩 소리 내어 읽어 보세요.

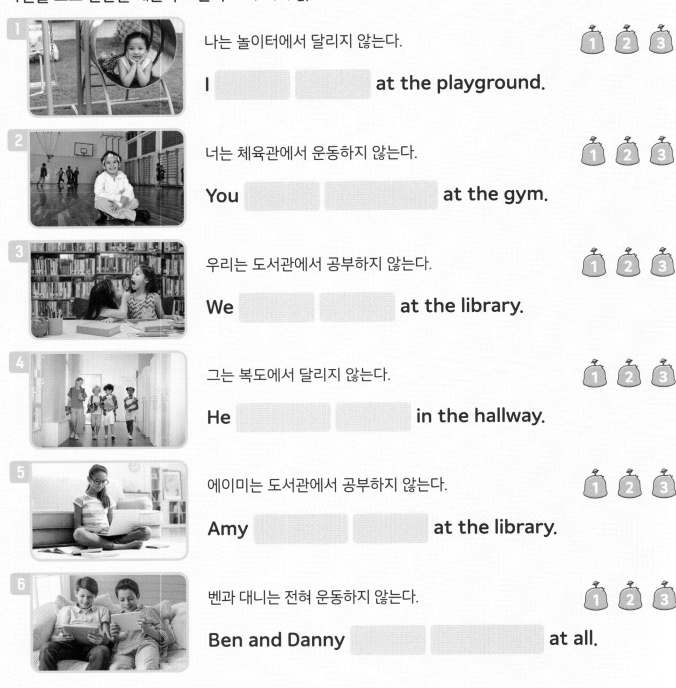

1 나는 놀이터에서 달리지 않는다. ① ② ③

I ____ ____ at the playground.

2 너는 체육관에서 운동하지 않는다. ① ② ③

You ____ ____ at the gym.

3 우리는 도서관에서 공부하지 않는다. ① ② ③

We ____ ____ at the library.

4 그는 복도에서 달리지 않는다. ① ② ③

He ____ ____ in the hallway.

5 에이미는 도서관에서 공부하지 않는다. ① ② ③

Amy ____ ____ at the library.

6 벤과 대니는 전혀 운동하지 않는다. ① ② ③

Ben and Danny ____ ____ at all.

Learn more!	~안에서 in	복도 hallway	전혀 (~하지 않는) (not~) at all

영어 문장을 3초 안에 해석하고 한글 뜻을 써보세요.

1 We don't run at the playground. _____

2 You don't study at the library. _____

3 He doesn't work out at all. _____

4 She doesn't run in the hallway. _____

5 Tony doesn't study at home. _____

6 They don't work out together. _____

한글 문장을 3초 안에 영어로 말하고 영어 문장을 써보세요.

1 나는 매일 달리지 않는다. _____

2 우리는 함께 공부하지 않는다. _____

3 그녀는 혼자 운동하지 않는다. _____

4 그는 체육관에서 달리지 않는다. _____

5 너희는 집에서 공부하지 않는다. _____

6 그들은 전혀 운동하지 않는다. _____

Learn more!   함께 together   매일 every day   혼자 alone

Conversation

그림을 보고 빈칸에 알맞은 문장을 골라 써보세요.

Sentences

They don't walk to school.

She doesn't run at the gym.

Jason works out at the gym. He doesn't work out at the park.

I don't study at the library. I study at home.

평소에 하는 일 물어보기

너는 7시에 일어나니?
Do you get up at 7:00?

평소에 하는 일 물어보기

Target Sentence

너는 7시에 일어나니?

Do you get up at 7:00?

평소에 하는 일을 물어볼 때 현재형 의문문을 사용해요. 의문문은 일반적으로 주어와 동사의 자리를 바꿔서 만들지만, 일반동사의 의문문을 만들 때에는 do, does 동사를 사용해야 해요. 주어가 1, 2인칭, 복수형(I, you, we, they, Luna and Leo...)일 때는 Do+주어+동사원형~?, 주어가 3인칭 단수형(he, she, Luna, my friend...)일 때는 Does+주어+동사원형~?을 쓰면 돼요. 대답할 때에는 do로 물어보면 do로, does로 물어보면 does로 대답할 수 있어요.

Key Point

Do 동사	주어	동사원형	구	대답
Do	I you we they	get up	at 7:00?	Yes, 주어 do. No, 주어 don't.
Does	he she			Yes, 주어 does. No, 주어 doesn't.

Target Vocabulary

일어나다 get up

이를 닦다 brush my teeth

옷을 입다 get dressed

숙제를 하다 do homework

TV를 보다 watch TV

자다 go to bed

🔧 주어진 긍정문을 보고 맞는 의문문에 체크하세요.

1 You get up.
- ☐ Get up you?
- ☐ Do you get up?

2 We do homework.
- ☐ Do we homework?
- ☐ Do we do homework?

3 They get dressed.
- ☐ Do they get dressed?
- ☐ Does they get dressed?

4 He brushes his teeth.
- ☐ Do he brush his teeth?
- ☐ Does he brush his teeth?

5 She watches TV.
- ☐ Does she watch TV?
- ☐ Does she watches TV?

6 Luna goes to bed.
- ☐ Does Luna go to bed?
- ☐ Does Luna goes to bed?

Practice

⭐ 사진을 보고 빈칸을 채운 후 3번씩 소리 내어 읽어 보세요.

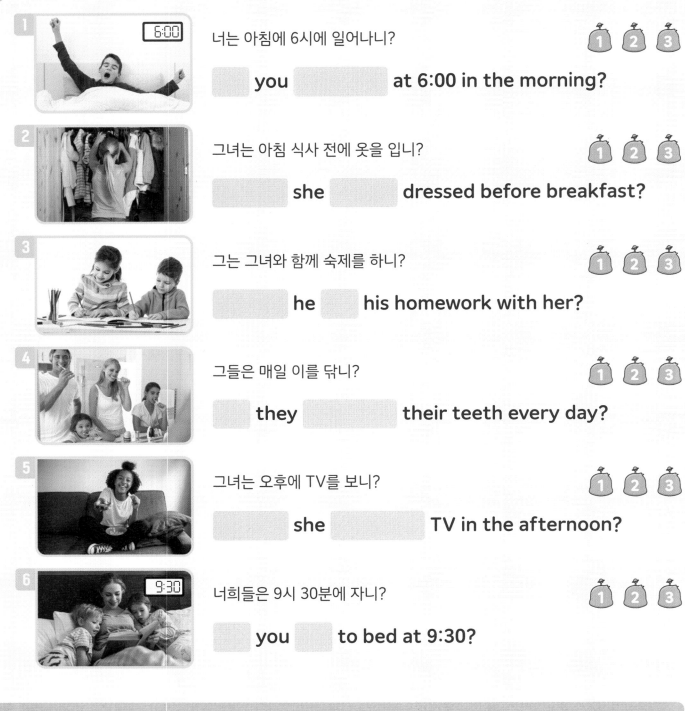

1 6:00

너는 아침에 6시에 일어나니?

☐ you ☐ at 6:00 in the morning?

2

그녀는 아침 식사 전에 옷을 입니?

☐ she ☐ dressed before breakfast?

3

그는 그녀와 함께 숙제를 하니?

☐ he ☐ his homework with her?

4

그들은 매일 이를 닦니?

☐ they ☐ their teeth every day?

5

그녀는 오후에 TV를 보니?

☐ she ☐ TV in the afternoon?

6 9:30

너희들은 9시 30분에 자니?

☐ you ☐ to bed at 9:30?

| Learn more! | 아침 morning | ~ 전에 before | 아침 식사 breakfast | 오후 afternoon |

⭐ 영어 문장을 3초 안에 해석하고 한글 뜻을 써보세요.

1 Do you get up early?

_____

2 When does he get dressed?

_____

3 Do we do homework together?

_____

4 Does she brush her teeth at 8:00?

_____

5 Do they watch TV in the evening?

_____

6 Does Luna go to bed late?

_____

⭐ 한글 문장을 3초 안에 영어로 말하고 영어 문장을 써보세요.

1 그는 매일 늦게 일어나니?

_____

2 너는 점심 식사 후에 이를 닦니?

_____

3 너희들은 8시에 학교에 가니?

_____

4 그들은 숙제를 함께 하니?

_____

5 토니는 밤에 TV를 보니?

_____

6 벨라는 일찍 자니?

_____

Learn more!	일찍 early	언제 when	저녁 evening
	늦게 late	~ 후에 after	밤에 at night

그림을 보고 빈칸에 알맞은 문장을 골라 써보세요.

Yes! Very much!

✭ Sentences

Does he like TV?

Yes, I do.

Does Leo get up early, too?

He watches TV late at night.

You're early!
Do you get up early?

No, he doesn't.

Review UNIT 5-8

A 그림을 보면서 한글에 맞는 단어를 써보세요.

도서관

학교

공부하다

옷을 입다

B 주어진 한글을 보고 맞는 단어에 동그라미 하세요.

1. 그는 우리를 좋아한다.　　He likes us / them .

2. 그들은 나를 좋아한다.　　They like me / you .

3. 우리는 공원에 걸어간다.　　We walk / walks to the park.

4. 그는 집에 온다.　　He come / comes home.

5. 우리는 체육관에서 달리지 않는다.　　We don't / doesn't run at the gym.

6. 나는 도서관에서 공부하지 않는다.　　I don't / doesn't study at the library.

7. 우리는 숙제를 하니?　　Do / Does we do homework?

8. 그는 이를 닦니?　　Do / Does he brush his teeth?

ⓒ 사진을 보고 단어를 조합해서 문장을 완성해 보세요.

그들은 우리를 좋아한다.

like   us   They   .

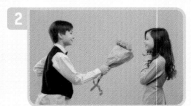

나의 형은 그녀를 좋아한다.

My   her   likes   brother   .

그녀는 혼자 공원에 간다.

the park   goes   She   to   alone   .

그들은 함께 집에 간다.

home   They   together   go   .

그녀는 혼자 운동하지 않는다.

work out   She   doesn't   alone   .

그들은 저녁에 TV를 보니?

TV   the evening   Do   they   watch   in   ?

Self Check! 몇 문제를 맞혔는지 스스로 점검하고 체크해 보세요.

0~4 Good effort	5~8 Not bad	9~11 Good	12~15 Great	16~18 Excellent

감정과 관계 표현하기

그는 행복하다.
He is happy.

감정과 관계 표현하기

Target Sentence

그는 행복하다.
He is happy.

주어의 상태나 기분을 나타내거나 주어가 누구인지 신분을 나타내는 동사를 be동사라고 해요. be동사는 주어 뒤에 오고, '~이다'라는 뜻으로 쓰여요. 주어가 I(나는)일 때에는 am, 주어가 you(너는, 너희는), we(우리는), they(그들은)일 때에는 are, 주어가 he(그는), she(그녀는)일 때에는 is를 쓰면 돼요. be동사 다음에 감정을 나타내는 형용사가 오면 주어의 기분을 나타낼 수 있고, 가족을 나타내는 말이 오면 관계를 나타낼 수 있어요.

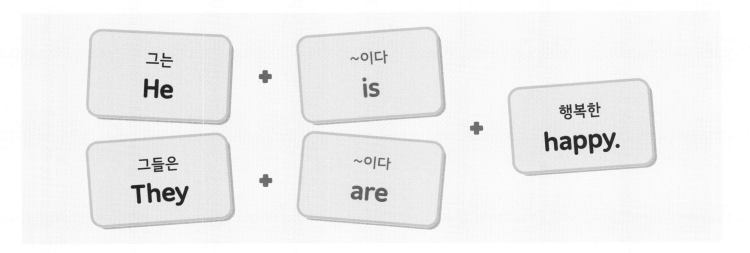

Key Point

be동사의 형태				
인칭	단수 주어	be동사	복수 주어	be동사
1인칭	I	am	We	
2인칭	You	are	You	
3인칭	He	is	They	are
	She			
	Luna		Luna and Leo	

Target Vocabulary

행복한 happy

슬픈 sad

화난 angry

신이 난 excited

어머니 mother

아버지 father

누나, 언니, 여동생 sister

형, 오빠, 남동생 brother

⭐ 주어진 한글을 보고 맞는 단어에 동그라미 하세요.

1　나는 행복하다.　　　　　I　am / are　happy.

2　너는 슬프다.　　　　　You　am / are　sad.

3　그는 화난다.　　　　　He　are / is　angry.

4　우리는 신이 난다.　　　We　are / is　excited.

5　그녀는 나의 어머니이다.　She　am / is　my mother.

6　그는 나의 아버지이다.　　He　am / is　my father.

7　그녀는 나의 누나이다.　　She　is / are　my sister.

8　그들은 나의 형제이다.　　They　is / are　my brothers.

Practice

⭐ 사진을 보고 빈칸을 채운 후 3번씩 소리 내어 읽어 보세요.

1

나는 신이 난다.

I ⬜ excited.

2

너는 화가 난다.

You ⬜ angry.

3

그는 나의 오빠다.

He ⬜ my older brother.

4

그녀는 나의 여동생이다.

She ⬜ my younger sister.

5

우리는 지금 매우 무섭다.

We ⬜ very scared now.

6

올리버와 엠마는 남매다.

Oliver and Emma ⬜ brother and sister.

Learn more!	오빠, 형 older brother	여동생 younger sister	매우 very
	무서운 scared	지금 now	

영어 문장을 3초 안에 해석하고 한글 뜻을 써보세요.

1. I am happy.

2. We are bored.

3. You are sad and angry.

4. She is my older sister.

5. He is my younger brother.

6. They are my parents.

한글 문장을 3초 안에 영어로 말하고 영어 문장을 써보세요.

1. 우리는 매우 행복하다.

2. 나는 지금 화가 난다.

3. 그는 걱정한다.

4. 그녀는 나의 누나이다.

5. 너는 나의 남동생이다.

6. 그들은 나의 친구들이다.

Learn more!

심심한 bored	언니, 누나 older sister	남동생 younger brother
부모님 parents	걱정하는 worried	친구 friend

그림을 보고 빈칸에 알맞은 문장을 골라 써보세요.

Are you sure? I am worried about him.

☆ Sentences

He is excited!!

Look at him. He is my brother.

Let me down! Please! I am scared!

Oh, he is happy!

UNIT 10

아닌 것 말하기

그녀는 목이 마르지 않다.
She isn't thirsty.

UNIT 10 아닌 것 말하기

그녀는 목이 마르지 않다.
She isn't thirsty.

'~하지 않다, ~이 아니다'라고 사실이나 내용을 부정할 때 be동사의 부정문으로 표현할 수 있어요. be동사의 부정문은 be동사 (am, is, are) 다음에 not을 붙여서 만들어요. 따라서 be동사의 부정문은 am not, is not, are not으로 쓸 수 있고, 이 중 am not 을 제외하고 is not과 are not은 아포스트로피(')를 사용해서 각각 isn't, aren't로 축약할 수 있어요.

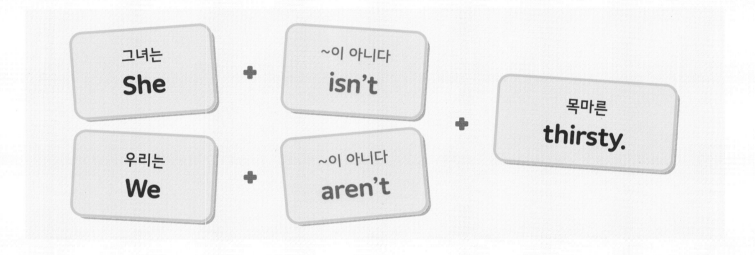

그녀는
She
+
~이 아니다
isn't
+
목마른
thirsty.

우리는
We
+
~이 아니다
aren't

Key Point

be동사의 부정문				
인칭	단수 주어	be동사	복수 주어	be동사
1인칭	I	am not	We	
2인칭	You	are not (=aren't)	You	are not (=aren't)
3인칭	He	is not (=isn't)	They	
	She			
	It			

목이 마른 thirsty

배고픈 hungry

피곤한 tired

속상한 upset

삼촌, 외삼촌 uncle

이모, 고모 aunt

사촌 cousin

쌍둥이 twins

⭐ 주어진 한글을 보고 맞는 단어에 동그라미 하세요.

1 나는 목마르지 않다.　　　　　I am not / are not thirsty.

2 그는 배고프지 않다.　　　　　He am not / is not hungry.

3 우리는 피곤하지 않다.　　　　We aren't / isn't tired.

4 그녀는 속상하지 않다.　　　　She aren't / isn't upset.

5 그는 나의 외삼촌이 아니다.　　He am not / isn't my uncle.

6 그녀는 나의 이모가 아니다.　　She am not / isn't my aunt.

7 그들은 내 사촌들이 아니다.　　They aren't / am not my cousins.

8 너희들은 쌍둥이가 아니다.　　You aren't / isn't twins.

Practice

사진을 보고 빈칸을 채운 후 3번씩 소리 내어 읽어 보세요.

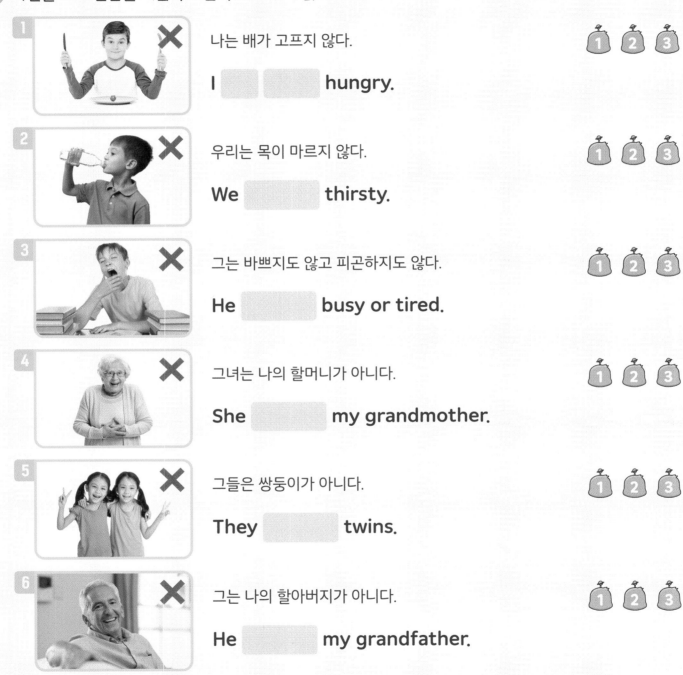

1 나는 배가 고프지 않다.

I ☐ ☐ hungry.

2 우리는 목이 마르지 않다.

We ☐ thirsty.

3 그는 바쁘지도 않고 피곤하지도 않다.

He ☐ busy or tired.

4 그녀는 나의 할머니가 아니다.

She ☐ my grandmother.

5 그들은 쌍둥이가 아니다.

They ☐ twins.

6 그는 나의 할아버지가 아니다.

He ☐ my grandfather.

Learn more!	바쁜 busy	또는, 혹은 or	할머니 grandmother	할아버지 grandfather

영어 문장을 3초 안에 해석하고 한글 뜻을 써보세요.

1 I am not **upset**.

_____

2 She isn't **tired**.

_____

3 We aren't **thirsty** or **hungry**.

_____

4 I am not **your aunt**.

_____

5 You aren't **twins**.

_____

6 He isn't **my uncle**.

_____

한글 문장을 3초 안에 영어로 말하고 영어 문장을 써보세요.

1 그는 배부르지 않다.

_____

2 우리는 목마르지 않다.

_____

3 나는 지금 전혀 바쁘지 않다.

_____

4 그녀는 나의 고모가 아니다.

_____

5 너희들은 나의 사촌들이 아니다.

_____

6 그들은 나의 부모님이 아니다.

_____

Learn more!

너의, 당신의 your　　　　　배부른 full　　　　　전혀 (~가 아닌) (not ~) at all

Conversation

그림을 보고 빈칸에 알맞은 문장을 골라 써보세요.

✦ Sentences

She is not upset.

I'm not upset.

I don't think so.
She is not tired.

Upset?

I'm not tired.

I think she is hungry.

상태나 성격에 대해 물어보기

그들은 심심하니?
Are they bored?

상태나 성격에 대해 물어보기

Target Sentence

그들은 심심하니?
Are they bored?

주어의 상태나 기분, 성격에 대한 질문을 할 때 be동사의 의문문을 사용할 수 있어요. 일반적인 문장을 만들 때에는 '주어+동사' 로 쓰면 되지만, 의문문은 동사+주어~?의 순서로 써요. 따라서 be동사의 의문문은 be동사 다음에 주어를 쓰면 되고, 역시 주어 에 따라서 동사는 Am, Are, Is를 사용할 수 있어요. 대답할 때에도 주어에 알맞은 be동사를 사용하면 돼요.

Key Point

		be동사의 의문문		
인칭	평서문	의문문	긍정의 대답	부정의 대답
1인칭	I am ~.	Am I ~?	Yes, you are.	No, you aren't.
	We are ~.	Are we ~?	Yes, you are.	No, you aren't.
2인칭	You are ~.	Are you ~?	Yes, I am.	No, I'm not.
	You are ~.	Are you ~?	Yes, we are.	No, we aren't.
3인칭	He is ~.	Is he ~?	Yes, he is.	No, he isn't.
	She is ~.	Is she ~?	Yes, she is.	No, she isn't.
	They are ~.	Are they ~?	Yes, they are.	No, they aren't.

Target Vocabulary

좋은 good

나쁜 bad

심심한 bored

걱정하는 worried

수줍어하는 shy

외향적인 outgoing

용감한 brave

쾌활한 cheerful

⭐ 주어진 한글과 영어 문장을 보고 맞는 의문문에 체크하세요.

1	너는 좋다.	You are good.	☐ You are good? ☐ Are you good?
2	너희는 심심하다.	You are bored.	☐ Are you bored? ☐ Do you bored?
3	그는 외향적이다.	He is outgoing.	☐ He is outgoing? ☐ Is he outgoing?
4	그녀는 수줍어한다.	She is shy.	☐ Is she shy? ☐ Does she shy?
5	나는 용감하다.	I am brave.	☐ Am I brave? ☐ Do I am brave?
6	그들은 걱정한다.	They are worried.	☐ Do they be worried? ☐ Are they worried?

Practice

🌟 사진을 보고 빈칸을 채운 후 3번씩 소리 내어 읽어 보세요.

1

내가 나쁘니? - 아니, 그렇지 않아.

[ ] I bad? - No, you [ ].

2

우리는 괜찮지? - 응, 그래.

[ ] we good? - Yes, we [ ].

3

그는 요즘 바쁘니? - 아니, 그렇지 않아.

[ ] he busy these days? - No, he [ ].

4

그녀는 쾌활하니? - 응, 그래.

[ ] she cheerful? - Yes, she [ ].

5

너는 걱정되니? - 아니, 그렇지 않아.

[ ] you worried? - No, I'm [ ].

6

그들은 호기심이 많니? - 응, 그래.

[ ] they curious? - Yes, they [ ].

Learn more!　　바쁜 busy　　　　요즘 these days　　　　호기심이 많은 curious

⭐ 영어 문장을 3초 안에 해석하고 한글 뜻을 써보세요.

1 Are you brave?

----

2 Am I outgoing?

----

3 Is she kind?

----

4 Are they bad?

----

5 Are you friendly?

----

6 Is he lazy or diligent?

⭐ 한글 문장을 3초 안에 영어로 말하고 영어 문장을 써보세요.

1 나는 용감하니?

----

2 너는 걱정하니?

----

3 그녀는 다정하니?

----

4 그들은 심심하니?

----

5 그는 착하니 아니면 나쁘니?

----

6 너희들은 요즘 바쁘니?

Learn more!	친절한 kind	다정한 friendly	게으른 lazy
	아니면 or	부지런한 diligent	

그림을 보고 빈칸에 알맞은 문장을 골라 써보세요.

★ Sentences

Is she kind?

Is he your dad?
Is he brave?

Yes, she is.

No, he isn't.
He is outgoing.

Is he shy?

Yes, he is.
And she is my mom.

UNIT 12

어디에 있는지 말하기

나는 버스 정류장에 있다.
I am at the bus stop.

어디에 있는지 말하기

UNIT 12

나는 버스 정류장에 있다.

I am at the bus stop.

be동사는 주어 뒤에서 '~이다'라는 뜻으로 쓰이는데, 장소를 나타내는 표현과 함께 '~이 있다, ~에 있다'라는 의미로도 사용할 수 있어요. be동사 뒤에 위치를 나타내는 단어인 in이나 at을 쓴 후 장소를 나타내는 단어가 오면 '주어가 그 장소에 있다'라는 의미가 돼요. 보통 at은 좁은 지역이나 한 지점, 특정 장소를 나타내는 단어와 함께 쓰이고, in은 넓은 지역이나 장소의 내부를 나타내는 단어와 자주 쓰여요.

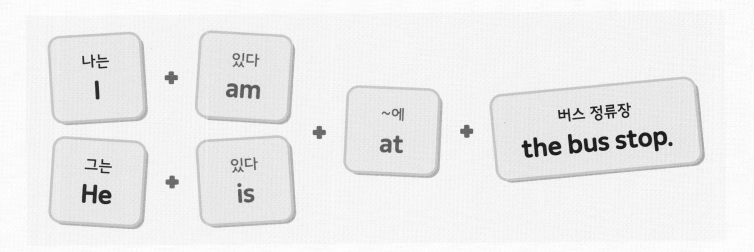

Key Point

be동사의 의미와 형태		
의미	형태	예문
~이다	be동사 + 형용사	I am happy. (기분, 상태, 성격)
	be동사 + 명사	I am a student. (신분, 정체)
~에 있다	be동사 + 전치사 + 장소명사	I am at school. (장소, 위치)

TIP 집에: at home / 학교에: at school

Target Vocabulary

~에 (한 지점) at

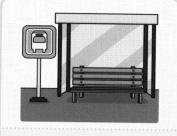
버스 정류장 bus stop

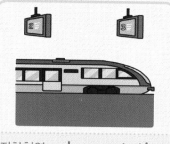
지하철역 subway station

출구 exit

~에 (공간 내부) in

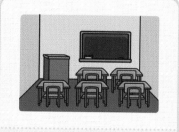
교실 classroom

박물관 museum

슈퍼마켓 supermarket

그림에 알맞은 문장에 체크하세요.

1

- ☐ We are at the classroom.
- ☐ We are in the classroom.

2

- ☐ They are at the exit.
- ☐ They are in the exit.

3

- ☐ He is at the bus stop.
- ☐ He is in the bus stop.

4

- ☐ She is on the supermarket.
- ☐ She is in the supermarket.

Practice

⭐ 사진을 보고 빈칸을 채운 후 3번씩 소리 내어 읽어 보세요.

나는 박물관 안에 있다.

I ☐☐ the museum.

그들은 함께 집에 있다.

They ☐☐ home together.

그녀는 지하철역에 있다.

She ☐☐ the subway station.

그는 지금 서점 안에 있다.

He ☐☐ the bookstore now.

우리는 영화관 안에 있다.

We ☐☐ the movie theater.

그는 친구들과 함께 학교에 있다.

He ☐☐ school with his friend.

| Learn more! | 서점 bookstore | 지금 now | 영화관 movie theater |

⭐ 영어 문장을 3초 안에 해석하고 한글 뜻을 써보세요.

1 I am at school.

----

2 We are in the classroom.

----

3 You are at the subway station.

----

4 She is in the countryside.

----

5 He is in the supermarket.

----

6 They are at the bus stop.

⭐ 한글 문장을 3초 안에 영어로 말하고 영어 문장을 써보세요.

1 그는 집에 있다.

----

2 우리는 학교에 있다.

----

3 그녀는 영화관에 있다.

----

4 그들은 지하철역에 있다.

----

5 나는 도서관에 있다.

----

6 나의 선생님은 교실에 계신다.

Learn more!   시골 countryside   도서관 library   선생님 teacher

Conversation

⭐ 그림을 보고 빈칸에 알맞은 문장을 골라 써보세요.

✡ Sentences

He is in the museum.

I am at Exit 2.
Come up here!

Hi, Brian!
Where is Tony?

I am in the subway station.
Where are you?

Review UNIT 9-12

A 그림을 보면서 한글에 맞는 단어를 써보세요.

1 수줍어하는

2 신이 난

3 목이 마른

4 슈퍼마켓

B 주어진 한글을 보고 맞는 단어에 동그라미 하세요.

1 나는 행복하다.   I am / are happy.

2 우리는 신이 난다.   We are / is excited.

3 나는 목마르지 않다.   I am not / are not thirsty.

4 그녀는 속상하지 않다.   She aren't / isn't upset.

5 그는 외향적이니?   Is / Are he outgoing?

6 그녀는 수줍어하니?   Does / Is she shy?

7 우리는 교실 안에 있다.   We are at / in the classroom.

8 그들은 버스 정류장에 있다.   They are at / in the bus stop.

C 사진을 보고 단어를 조합해서 문장을 완성해 보세요.

우리는 심심하다.

bored　We　are　.

_____

그들은 나의 친구들이다.

my　They　friends　are　.

_____

그는 나의 삼촌이 아니다.

my　isn't　He　uncle　.

_____

그는 게으르니 아니면 부지런하니?

he　or　Is　lazy　diligent　?

_____

너희들은 요즘 바쁘니?

you　these days　Are　busy　?

_____

그녀는 시골에 있다.

is　in　She　the　countryside　.

_____

Self Check! 몇 문제를 맞혔는지 스스로 점검하고 체크해 보세요.

0~4 Good effort	5~8 Not bad	9~11 Good	12~15 Great	16~18 Excellent

'이것'과 '저것' 표현하기

이것은 나의 책이다.
This is my book.

UNIT 13 '이것'과 '저것' 표현하기

이것은 나의 책이다.

This is my book.

사람, 동물, 사물을 '이것, 저것'으로 가리키는 단어를 지시대명사라고 해요. 가까이 있는 사물이나 사람을 가리킬 때에는 this(이것), 멀리 있는 사물이나 사람을 가리킬 때에는 that(저것)을 사용할 수 있어요. 그리고 수가 여러 개나 여러 명일 때는 각각 these(이것들), those(저것들)를 쓸 수 있어요. 그리고 이렇게 앞에 나왔던 것을 다시 가리킬 때에는 it(그것), they(그것들)를 사용할 수 있어요.

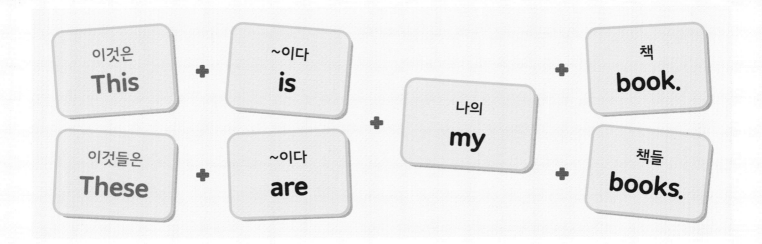

지시대명사

유형	단수	복수
가까운 것을 가리킬 때	this	these
먼 것을 가리킬 때	that	those
다시 가리킬 때	it	they

TIP these, those, they와 함께 쓰는 명사는 복수 형태 (명사 + -s)를 써야 해요.

이것 this

저것 that

이것들 these

저것들 those

책가방 backpack

공책 notebook

연필 pencil

지우개 eraser

자 ruler

책 book

크레용 crayon

가위 scissors

⬧ 주어진 한글을 보고 맞는 단어에 동그라미 하세요.

1 이것은 책가방이다.　　　　This / That is a backpack.

2 저것은 지우개다.　　　　　This / That is an eraser.

3 이것들은 공책이다.　　　　These / Those are notebooks.

4 저것들은 가위이다.　　　　These / Those are scissors.

Practice

사진을 보고 빈칸을 채운 후 3번씩 소리 내어 읽어 보세요.

1 이것은 자다. 그것은 길다.

[   ] is a ruler. [   ] is long.

2 이것들은 크레용이다. 그것들은 화려하다.

[   ] are crayons. [   ] are colorful.

3 저것은 공책이다. 그것은 책이 아니다.

[   ] is a notebook. [   ] is not a book.

4 저것들은 책이다. 그것들은 무겁다.

[   ] are books. [   ] are heavy.

5 이것은 책가방이다. 그것은 크다.

[   ] is a backpack. [   ] is big.

6 저것들은 연필이다. 그것들은 펜이 아니다.

[   ] are pencils. [   ] are not pens.

Learn more!	긴 long	화려한 colorful	무거운 heavy	큰 big	펜 pen

⬠ 영어 문장을 3초 안에 해석하고 한글 뜻을 써보세요.

1 That **is a ruler**. _____

2 This **is an eraser**. _____

3 These **are scissors**. _____

4 Those **are textbooks**. _____

5 It **is a pencil case**. _____

6 They **are paper clips**. _____

⬠ 한글 문장을 3초 안에 영어로 말하고 영어 문장을 써보세요.

1 이것은 연필이다. _____

2 저것은 책가방이다. _____

3 이것들은 크레용이다. _____

4 저것들은 종이 클립이다. _____

5 그것은 공책이다. _____

6 그것들은 가위이다. _____

Learn more! 교과서 textbook   필통 pencil case   종이 클립 paper clip

그림을 보고 빈칸에 알맞은 문장을 골라 써보세요.

☆ Sentences

This is a crayon. It is red.

That is a pencil!

Luna, correct! These are socks.

That is a ruler!

Those are socks!

Those are books!

UNIT 14

요일과 날씨
말하기

일요일이다.
It is Sunday.

UNIT 14 요일과 날씨 말하기

Target Sentence

일요일이다.
It is Sunday.

it은 원래 '그것'이라는 의미의 인칭대명사로, 사물, 동물, 식물의 단수 명사를 대신 가리킬 때 사용해요. 하지만 시간, 날짜, 요일, 날씨, 계절, 명암 등을 나타낼 때에도 it을 사용할 수 있는데, 이 때 it은 특별한 뜻이 없이 문장의 주어로 쓸 수 있어요. 이렇게 주어로 쓰이지만 이름만 주어일 뿐 아무 것도 지칭하지 않을 때에는 it을 비인칭주어라고 해요.

Key Point

비인칭주어		
날씨	How is the weather? 날씨가 어떠니?	It is sunny. 화창하다.
요일	What day is it? 무슨 요일이니?	It is Sunday. 일요일이다.
날짜	What is the date? 몇 일이니?	It is May 8th. 5월 8일이다.
시간	What time is it? 몇 시니?	It is 8:00. 8시다.
계절	What season is it? 무슨 계절이니?	It is winter. 겨울이다.
명암	-	It is dark. 어둡다.

TIP 날씨: weather / 요일: day / 날짜: date / 시간: time / 계절: season

Target Vocabulary

월요일 Monday

화요일 Tuesday

수요일 Wednesday

목요일 Thursday

금요일 Friday

토요일 Saturday

일요일 Sunday

휴일 holiday

화창한 sunny

구름이 낀 cloudy

비가 오는 rainy

바람이 부는 windy

⭐ 주어진 한글을 보고 맞는 단어에 동그라미 하세요.

1 구름이 끼었다.   It / That is cloudy.

2 월요일이다.   This / It is Monday.

3 7시 30분이다.   It / They is 7:30.

4 6월 3일이다.   These / It is June 3rd.

Practice

⭐ 사진을 보고 빈칸을 채운 후 3번씩 소리 내어 읽어 보세요.

1

날씨가 어떠니? - 비가 온다.

How is the weather? - ☐ is rainy.

2

지금 무슨 계절이니? - 봄이다.

What season is it? - ☐ is spring.

3

지금 몇 시니? - 3시 30분이다.

What time is it now? - ☐ is 3:30.

4

오늘 무슨 요일이니? - 수요일이다.

What day is it today? - ☐ is Wednesday.

5

몇 일이니? - 12월 25일이다.

What is the date? - ☐ is December 25th.

6

여기는 너무 어둡다.

☐ is too dark in here.

Learn more!	봄 spring	오늘 today	12월 December
	너무 too	어두운 dark	여기 here

영어 문장을 3초 안에 해석하고 한글 뜻을 써보세요.

1 What day is it today?

2 It is Thursday.

3 It is hot and sunny.

4 What time is it?

5 It is 12 o'clock.

6 It is October 26th.

한글 문장을 3초 안에 영어로 말하고 영어 문장을 써보세요.

1 오늘은 바람이 분다.

2 여름이다.

3 내 생일이다.

4 5시 정각이다.

5 날씨가 어떠니?

6 오늘 무슨 요일이니?

Learn more! 더운 hot 정각 o'clock 10월 October 생일 birthday

Conversation

그림을 보고 빈칸에 알맞은 문장을 골라 써보세요.

☆ Sentences

How is the weather in Brazil?
It is rainy here.

It is Saturday.

It is hot and sunny.

What day is it?

UNIT 15

무엇이 있는지 말하기

상자가 한 개 있다.
There is a box.

UNIT 15 무엇이 있는지 말하기

Target Sentence

상자가 한 개 있다.

There is a box.

어떤 사람이나 사물이 있다는 것을 말할 때, There is, There are 표현을 사용할 수 있어요. 원래 there은 '거기, 그곳에'라는 의미를 가지고 있지만, 이 표현에서 there은 아무 뜻이 없어요. There is는 '~가 있다'라는 의미로 뒤에 단수 명사, 즉 1개를 나타내는 표현이 오고, There are은 '~들이 있다'는 의미로 복수 명사, 즉 2개 이상을 나타내는 표현이 와요. '~이 없다'라고 말할 때에는 be동사 뒤에 not을 붙이면 되고, 또한 '~이 있니?'라고 물을 때에는 be동사 is, are을 there 앞에 써 주면 돼요.

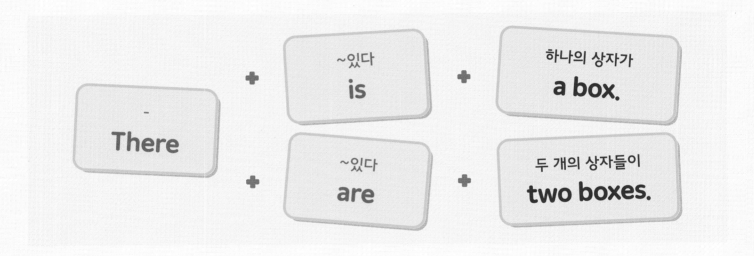

There + ~있다 is + 하나의 상자가 a box.

There + ~있다 are + 두 개의 상자들이 two boxes.

Key Point

There is / There are				
긍정	There is	단수 명사 (a/an + 명사)	There are	복수 명사 (명사 + -s)
부정	There isn't		There aren't	
의문	Is there		Are there	
대답	Yes, there is. / No, there isn't.		Yes, there are. / No, there aren't.	

 **Target Vocabulary**

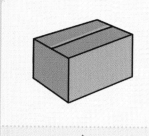
상자 box

선물 present

왕관 crown

고깔모자 party hat

카드 card

양초 candle

깃발 flag

풍선 balloon

주어진 한글을 보고 맞는 표현에 체크하세요.

1	왕관이 하나 있다.	☐ There is ☐ There are	a crown.
2	고깔모자가 열 개 있다.	☐ There is ☐ There are	ten party hats.
3	풍선들이 없다.	☐ There isn't ☐ There aren't	balloons.
4	카드가 하나 없다.	☐ There isn't ☐ There aren't	a card.
5	양초가 하나 있니?	☐ Is there ☐ Are there	a candle?
6	상자들이 있니?	☐ Is there ☐ Are there	boxes?

Practice

😊 사진을 보고 빈칸을 채운 후 3번씩 소리 내어 읽어 보세요.

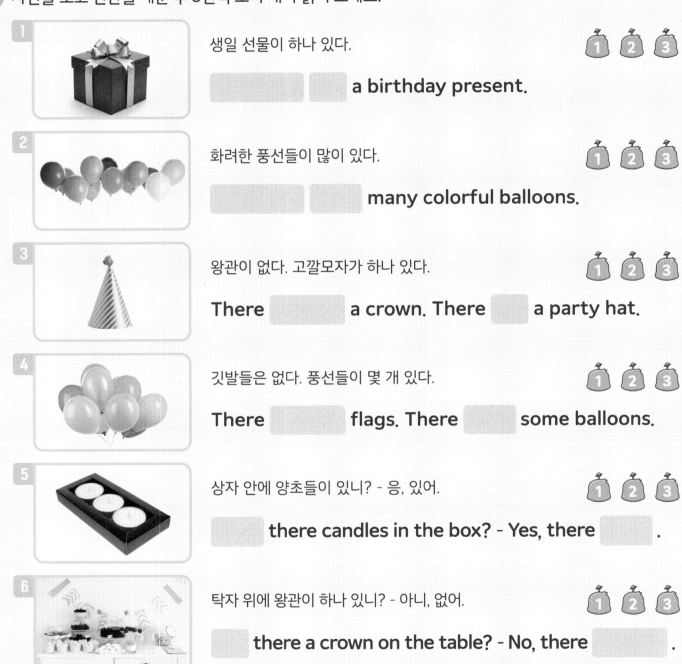

1
생일 선물이 하나 있다.
[　　] [　] a birthday present.

2
화려한 풍선들이 많이 있다.
[　　] [　] many colorful balloons.

3
왕관이 없다. 고깔모자가 하나 있다.
There [　] a crown. There [　] a party hat.

4
깃발들은 없다. 풍선들이 몇 개 있다.
There [　] flags. There [　] some balloons.

5
상자 안에 양초들이 있니? - 응, 있어.
[　] there candles in the box? - Yes, there [　].

6
탁자 위에 왕관이 하나 있니? - 아니, 없어.
[　] there a crown on the table? - No, there [　].

Learn more!	생일 birthday	많은 many	화려한 colorful
	몇 개의 some	~위에 on	탁자 table

⬭ 영어 문장을 3초 안에 해석하고 한글 뜻을 써보세요.

1 There is **a candle**. _____

2 There are **many presents**. _____

3 There aren't **boxes on the table**. _____

4 There isn't **a card on the desk**. _____

5 Are there **notebooks in the box?** _____

6 Is there **a pencil case in the bag?** _____

⭐ 한글 문장을 3초 안에 영어로 말하고 영어 문장을 써보세요.

1 상자 안에 풍선이 하나 있다. _____

2 필통 안에 연필이 다섯 자루 있다. _____

3 책상 위에 선물이 하나 있니? _____

4 책 위에 지우개가 없다. _____

5 의자 위에 고깔모자들이 있니? _____

6 탁자 위에 가위가 없다. _____

Learn more! 책상 desk   가방 bag   필통 pencil case   의자 chair

그림을 보고 빈칸에 알맞은 문장을 골라 써보세요.

⭐ Sentences

There are six boxes.

Oh, there is a crown.
There are six party hats.

Thanks, Luna.

Happy birthday!

That is
Jason's crown.

Wow! There are
many presents!

셀 수 없는 것 표현하기

케이크가 조금 있다.

There is some cake.

셀 수 없는 것 표현하기

 **Target Sentence**

케이크가 조금 있다.

There is some cake.

'~이 있다'라고 표현할 때 There is, There are을 사용하고, There is 뒤에는 단수 명사가, There are 뒤에는 복수 명사가 올 수 있다는 것을 배웠어요. There is 다음에는 셀 수 없는 명사도 올 수 있는데, 셀 수 없는 명사는 항상 단수형으로 쓰기 때문에 a, an, 혹은 숫자를 나타내는 표현과 함께 쓰지 않아요. 다만 셀 수 있는 명사나 셀 수 없는 명사는 모두 '조금'의 뜻을 가진 some, any와 같은 수량 형용사와 함께 쓸 수 있는데, some은 긍정문에서, any는 부정문과 의문문에서 사용할 수 있어요.

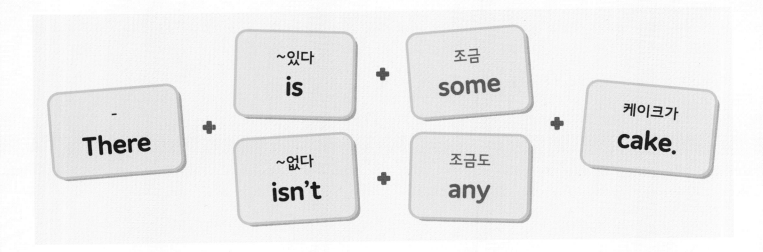

There + ~있다 is / ~없다 isn't + 조금 some / 조금도 any + 케이크가 cake.

Key Point

	some / any			
종류	셀 수 있는 복수 명사와 함께 사용하는 표현		셀 수 없는 명사와 함께 사용하는 표현	
긍정	There are	some eggs.	There is	some cake.
부정	There aren't	any eggs.	There isn't	any cake.
의문	Are there	any eggs?	Is there	any cake?

케이크 cake

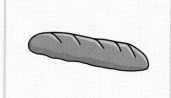

빵 bread

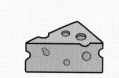

치즈 cheese

피자 pizza

아이스크림 ice cream

초콜릿 chocolate

물 water

주스 juice

⭐ 주어진 한글을 보고 맞는 단어에 동그라미 하세요.

1 빵이 조금 있다.　　　　There is some / any bread.

2 치즈가 조금도 없다.　　　There isn't some / any cheese.

3 물이 조금 있니?　　　　Is there some / any water?

4 당근이 조금 있다.　　　There are some / any carrots.

5 달걀이 조금 있다.　　　There is / There are some eggs.

6 사과가 조금도 없다.　　There isn't / There aren't any apples.

7 주스가 조금 있다.　　　There is / There are some juice.

8 피자가 조금 있니?　　　Is there / Are there any pizza?

사진을 보고 빈칸을 채운 후 3번씩 소리 내어 읽어 보세요.

1

아이스크림이 조금 있다.

There ☐ ☐ ice cream.

1 2 3

2

피자가 상자에 조금도 없다.

There ☐ ☐ pizza in the box.

1 2 3

3

초콜릿이나 사탕이 조금 있니?

☐ there ☐ chocolate or candy?

1 2 3

4

케이크가 탁자에 조금 있다.

There ☐ ☐ cake on the table.

1 2 3

5

남은 햄버거들이 조금 있니?

☐ there ☐ hamburgers left?

1 2 3

6

병 안에 주스가 조금도 없다.

There ☐ ☐ juice in the bottle.

1 2 3

Learn more!   사탕 candy   햄버거 hamburger   남은 left   병 bottle

⭐ 영어 문장을 3초 안에 해석하고 한글 뜻을 써보세요.

1. There is some bread left.

_____

2. There are some strawberries.

_____

3. There isn't any chocolate milk.

_____

4. There is some water in the glass.

_____

5. Is there any soup in the bowl?

_____

6. There aren't any ants on the floor.

_____

⭐ 한글 문장을 3초 안에 영어로 말하고 영어 문장을 써보세요.

1. 사과들이 조금 있다.

_____

2. 남은 피자가 조금 있다.

_____

3. 탁자 위에 케이크가 조금도 없다.

_____

4. 병 안에 물이 조금도 없다.

_____

5. 상자 안에 아이스크림이 조금 있니?

_____

6. 바구니 안에 달걀이 조금 있니?

_____

Learn more!

| 딸기 strawberry | 유리잔 glass | 그릇 bowl | 개미 ant |
| 바닥 floor | 달걀 egg | 바구니 basket | |

Conversation

그림을 보고 빈칸에 알맞은 문장을 골라 써보세요.

> Let's sing happy birthday!

✭ Sentences

> Look! There is cake on the table.

> Yes, there is.

> Is there any ice cream in the box?

> There are many candles.

> There is some pizza and spaghetti. Help yourself!

A 그림을 보면서 한글에 맞는 단어를 써보세요.

1	2	3	4

빵	가위	고깔모자	휴일

B 주어진 한글을 보고 맞는 단어에 동그라미 하세요.

1 이것은 책가방이다. This / That is a backpack.

2 저것들은 가위이다. These / Those are scissors.

3 구름이 끼었다. It / That is cloudy.

4 6월 3일이다. These / It is June 3rd.

5 왕관이 하나 있다. There is / are a crown.

6 풍선들이 없다. There isn't / aren't balloons.

7 빵이 조금 있다. There is some / any bread.

8 물이 조금 있니? Is there some / any water?

C 사진을 보고 단어를 조합해서 문장을 완성해 보세요.

이것들은 크레용이다.

| are | crayons | These | . |

덥고 화창하다.

| is | and | hot | It | sunny | . |

오늘 날씨가 어떠니?

| the | is | weather | How | today | ? |

필통 안에 연필이 다섯 자루 있다.

| five | There | in | are | pencils | pencil case | the | . |

병 안에 물이 조금도 없다.

| There | any | water | bottle | the | in | isn't | . |

바구니 안에 달걀이 조금 있니?

| Are | in | any | there | the | eggs | basket | ? |

Self Check! 몇 문제를 맞혔는지 스스로 점검하고 체크해 보세요.

0~4 Good effort	5~8 Not bad	9~11 Good	12~15 Great	16~18 Excellent

지금 하고 있는 일 말하기

그는 요리하는 중이다.
He is cooking.

UNIT 17 지금 하고 있는 일 말하기

 **Target Sentence**

그는 요리하는 중이다.
He is cooking.

지금 하고 있는 일이나 동작에 대해서 이야기할 때 우리는 현재진행형을 사용할 수 있어요. 현재진행형의 문장을 만들려면 주어+be동사+동사원형+-ing의 형태로 써야 해요. be동사는 주어에 따라 am, are, is로 달라지고, be동사 다음에는 동사원형의 ing형태를 써서 '~하는 중'임을 나타낼 수 있어요. 지금 당장 일어나는 일을 나타내기 때문에 now, right now와 같은 표현과 함께 쓸 때가 많아요.

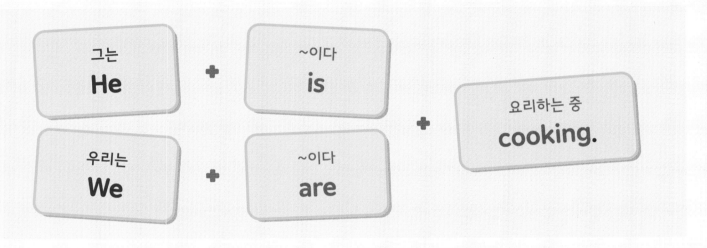

| 그는 He | + | ~이다 is | | 요리하는 중 cooking. |
| 우리는 We | + | ~이다 are | + | |

Key Point

현재진행형	
의미	형태
~하는 중이다, ~하고 있다	am, are, is + 동사원형 + -ing

일반동사의 -ing 형태 변화		
대부분의 동사 + -ing	e로 끝난 동사 e 빼고 + -ing	단모음 + 단자음으로 끝난 동사 단자음 한 번 더 쓰고 + -ing
cook - cooking sing - singing	dance - dancing drive - driving	run - running swim - swimming

Target Vocabulary

요리하다 cook

그리다 draw

운전하다 drive

달리다 run

노래하다 sing

춤추다 dance

스케이트를 타다 skate

수영하다 swim

⭐ 주어진 한글을 보고 맞는 문장에 체크하세요.

1	그녀는 노래하는 중이다.	☐ She singing. ☐ She is singing.
2	나는 춤추는 중이다.	☐ I am dance. ☐ I am dancing.
3	우리는 지금 달리는 중이다.	☐ We are runing now. ☐ We are running now.
4	그들은 요리하는 중이다.	☐ They are cooking. ☐ They are cookking.
5	그는 지금 운전하는 중이다.	☐ He is driving right now. ☐ He is driveing right now.
6	너희들은 수영하는 중이다.	☐ You are swiming. ☐ You are swimming.

Practice

사진을 보고 빈칸을 채운 후 3번씩 소리 내어 읽어 보세요.

그들은 무대 위에서 노래하는 중이다.

They [   ] [   ] on the stage.

나는 남동생과 함께 스케이트를 타는 중이다.

I [   ] [   ] with my brother.

그녀는 지하철역에서 기다리는 중이다.

She [   ] [   ] at the subway station.

그는 버스 정류장에서 줄을 서 있는 중이다.

He [   ] [   ] in line at the bus stop.

지금 창 밖에 비가 오는 중이다.

It [   ] [   ] outside the window now.

우리는 수영장에서 수영하는 중이다.

We [   ] [   ] in the swimming pool.

Learn more!	무대 stage	기다리다 wait	줄을 서다 stand in line	비가 오다 rain
	밖에 outside	창문 window	수영장 swimming pool	

⭐ 영어 문장을 3초 안에 해석하고 한글 뜻을 써보세요.

1 I am skating **now**.
------

2 We **are drawing pictures**.
------

3 You **are dancing beautifully**.
------

4 She **is running on the playground**.
------

5 They **are cooking in the kitchen**.
------

6 My father **is driving his truck**.

⭐ 한글 문장을 3초 안에 영어로 말하고 영어 문장을 써보세요.

1 나는 공원에서 걷고 있다.
------

2 그는 지금 빠르게 운전하고 있다.
------

3 그들은 바다에서 수영하고 있다.
------

4 지금 눈이 오고 있다.
------

5 우리는 함께 달리고 있다.
------

6 그녀는 언니와 스케이트를 타고 있다.

Learn more!	그림 picture	아름답게 beautifully	운동장 playground	주방 kitchen
	트럭 truck	빠르게 fast	바다 sea	눈이 오다 snow

Conversation

⭐ 그림을 보고 빈칸에 알맞은 문장을 골라 써보세요.

⭐Sentences

I'm home.
I'm drawing
a picture.

No, I'm at the playground.
Jason and I are running together.

She is cooking
in the kitchen.

Are you at home?

UNIT 18

지금
하고 있지 않은 일
말하기

그녀는 독서하는 중이 아니다.
She isn't reading.

UNIT 18 지금 하고 있지 않은 일 말하기

그녀는 독서하는 중이 아니다.
She isn't reading.

지금 하고 있지 않은 일에 대해서 말할 때에는 현재진행형의 부정문으로 표현할 수 있어요. 현재진행형의 부정문은 '~하지 않는 중이다' 혹은 '~하고 있지 않다'라는 의미로, be동사 뒤에 not을 넣으면 돼요. be동사가 주어에 따라 am, are, is로 달라지듯이, 부정문에서도 am not, are not, is not을 사용할 수 있고, am not을 제외하고 각각 aren't, isn't로 축약해서 사용할 수 있어요.

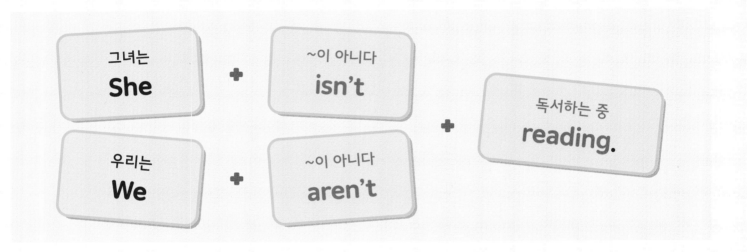

Key Point

현재진행형의 부정문		
주어	be동사 + not	동사원형 + -ing
I He, She You, We, They	am not is not (=isn't) are not (=aren't)	reading.

일반동사의 -ing 형태 변화 (추가)		
read - reading paint - painting	make - making ride - riding	cut - cutting hit - hitting

읽다 read

색칠하다 paint

먹다 eat

보다 look

만들다 make

타다 ride

자르다 cut

치다 hit

주어진 한글을 보고 맞는 문장에 체크하세요.

1 나는 읽고 있지 않다.
- ☐ I do not reading.
- ☐ I am not reading.

2 그들은 색칠하고 있지 않다.
- ☐ They don't paint.
- ☐ They aren't painting.

3 우리는 먹고 있지 않다.
- ☐ We aren't eating.
- ☐ We don't eating.

4 그녀는 나를 보고 있지 않다.
- ☐ She isn't looking at me.
- ☐ She doesn't look at me.

5 그는 자전거를 타고 있지 않다.
- ☐ He isn't riding a bike.
- ☐ He doesn't riding a bike.

6 리오는 공을 치고 있지 않다.
- ☐ Leo doesn't hit the ball.
- ☐ Leo isn't hitting the ball.

Practice

사진을 보고 빈칸을 채운 후 3번씩 소리 내어 읽어 보세요.

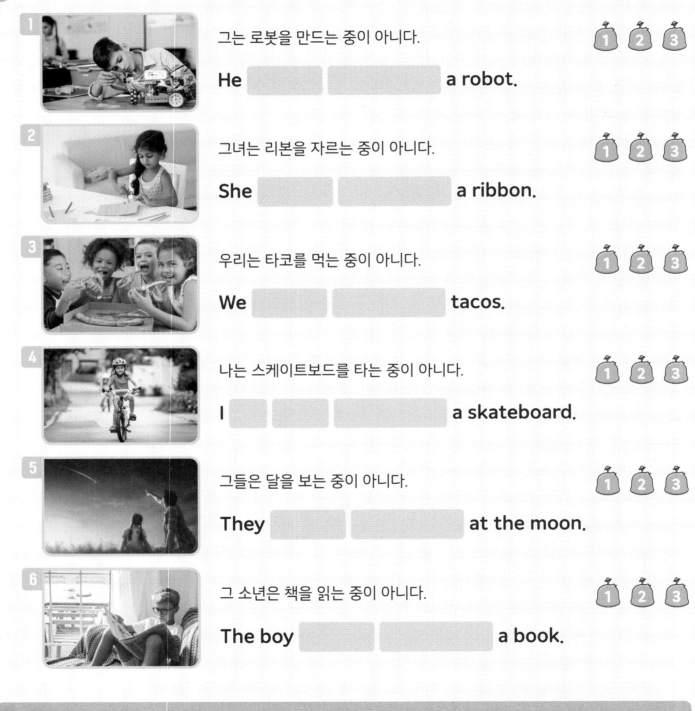

1

그는 로봇을 만드는 중이 아니다.

He ☐ ☐ a robot.

1 2 3

2

그녀는 리본을 자르는 중이 아니다.

She ☐ ☐ a ribbon.

1 2 3

3

우리는 타코를 먹는 중이 아니다.

We ☐ ☐ tacos.

1 2 3

4

나는 스케이트보드를 타는 중이 아니다.

I ☐ ☐ ☐ a skateboard.

1 2 3

5

그들은 달을 보는 중이 아니다.

They ☐ ☐ at the moon.

1 2 3

6

그 소년은 책을 읽는 중이 아니다.

The boy ☐ ☐ a book.

1 2 3

| Learn more! | 로봇 robot | 리본 ribbon | 스케이트보드 skateboard | 달 moon |

영어 문장을 3초 안에 해석하고 한글 뜻을 써보세요.

1 I am not painting **now.**

_____

2 We aren't making **a kite.**

_____

3 She isn't hitting **the ball.**

_____

4 It isn't raining **now.**

_____

5 They aren't riding **a skateboard.**

_____

6 He isn't reading **a comic book.**

_____

한글 문장을 3초 안에 영어로 말하고 영어 문장을 써보세요.

1 우리는 지금 자고 있지 않다.

_____

2 그들은 서로 보고 있지 않다.

_____

3 그는 빵을 자르고 있지 않다.

_____

4 나는 공원에서 걷고 있지 않다.

_____

5 너는 종이 비행기를 만들고 있지 않다.

_____

6 그녀는 신문을 읽고 있지 않다.

_____

| Learn more! | 연 kite | 만화책 comic book | 자다 sleep |
| | 서로 each other | 종이 비행기 paper airplane | 신문 newspaper |

Conversation

그림을 보고 빈칸에 알맞은 문장을 골라 써보세요.

☆ Sentences

Oh! Leo is reading a newspaper!

He isn't reading a newspaper. He is reading a comic book!

No, he isn't riding a bike. He is riding a skateboard.

Look! Tony is riding a bike!

지금 하는 일 물어보기

그들은 이야기하는 중이니?
Are they talking?

UNIT 19 지금 하는 일 물어보기

 **Target Sentence**

그들은 이야기하는 중이니?

Are they talking?

지금 하는 일에 대해서 물어볼 때에는 현재진행형의 의문문으로 표현할 수 있어요. 현재진행형의 의문문은 '~하는 중이니?' 혹은 '~하고 있니?'라는 의미로, be동사와 주어의 위치를 바꾸고 마지막에 물음표를 넣어 주면 돼요. 대답이 긍정일 때에는 Yes, 주어+be동사로, 부정일 때에는 No, 주어+be동사+not으로 쓸 수 있어요. 주어의 인칭과 수에 따라 be동사는 am, are, is로 바꿔 주는 것도 잊지 마세요.

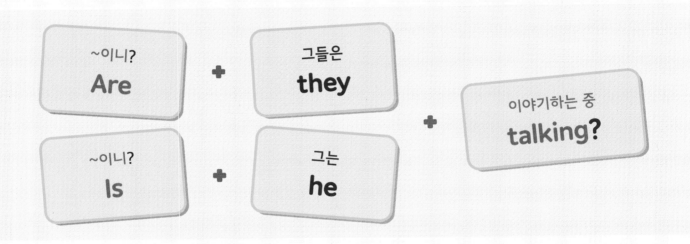

 **Key Point**

현재진행형의 의문문			
be동사	주어	동사원형 + -ing	대답
Am Is Are	I he, she you, we, they	talking?	Yes, 주어 am, is, are. No, 주어 am not, isn't, aren't.

일반동사의 -ing 형태 변화 (추가)		
play - playing talk - talking	take - taking write - writing	sit - sitting jog - jogging

Target Vocabulary

경기하다, 놀다 play

이야기하다 talk

즐기다 enjoy

쓰다 write

야구 baseball

농구 basketball

축구 soccer

배구 volleyball

주어진 긍정문을 보고 맞는 의문문에 체크하세요.

1	You are talking.	☐ Are you talking? ☐ Do you talking?
2	She is writing.	☐ Is she writing? ☐ Does she writing?
3	They are jogging.	☐ Do they jogging? ☐ Are they jogging?
4	He is enjoying soccer.	☐ Does he enjoying soccer? ☐ Is he enjoying soccer?
5	We are playing baseball.	☐ Do we playing baseball? ☐ Are we playing baseball?
6	I am sitting down here.	☐ Am I sitting down here? ☐ Do I sitting down here?

⭐ 사진을 보고 빈칸을 채운 후 3번씩 소리 내어 읽어 보세요.

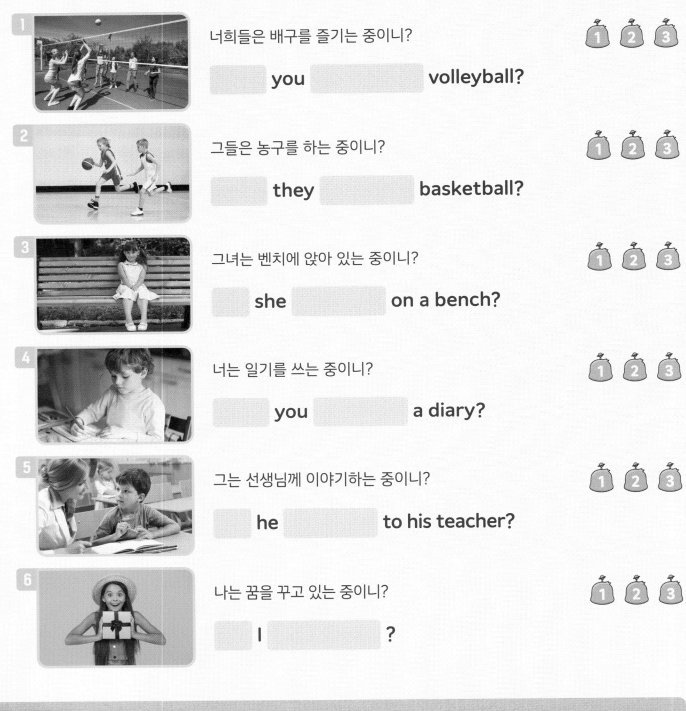

1 너희들은 배구를 즐기는 중이니?

☐ **you** ☐ **volleyball?**

2 그들은 농구를 하는 중이니?

☐ **they** ☐ **basketball?**

3 그녀는 벤치에 앉아 있는 중이니?

☐ **she** ☐ **on a bench?**

4 너는 일기를 쓰는 중이니?

☐ **you** ☐ **a diary?**

5 그는 선생님께 이야기하는 중이니?

☐ **he** ☐ **to his teacher?**

6 나는 꿈을 꾸고 있는 중이니?

☐ **I** ☐ **?**

Learn more!	벤치 bench	일기 diary	선생님 teacher	꿈꾸다 dream

⭐ 영어 문장을 3초 안에 해석하고 한글 뜻을 써보세요.

1 Are **you** playing **soccer?**

2 Is **he** writing **an essay?**

3 Are **they** enjoying **the game?**

4 Is **she** talking **to her mom?**

5 Is **he** making **pancakes?**

6 Are **they** sitting **on the sofa?**

⭐ 한글 문장을 3초 안에 영어로 말하고 영어 문장을 써보세요.

1 너희들은 야구를 하고 있니?

2 그녀는 친구들과 이야기하고 있니?

3 그는 숙제를 하고 있니?

4 그들은 배구를 즐기고 있니?

5 너는 소설을 읽고 있니?

6 그녀는 편지를 쓰고 있니?

Learn more!	에세이 essay	게임 game	팬케이크 pancake
	소설 novel	편지 letter	

Conversation

🌟 그림을 보고 빈칸에 알맞은 문장을 골라 써보세요.

✩ Sentences

Yes, he is.

Are you writing a diary?

Is Jason playing basketball?

No, I'm not. I'm writing a letter.

Yes, he looks excited!

Is he enjoying it?

UNIT 20

무엇을 하는지 물어보기

너는 무엇을 하고 있는 중이니?
What are you doing?

UNIT 20 무엇을 하는지 물어보기

너는 무엇을 하고 있는 중이니?

What are you doing?

궁금한 것을 좀 더 구체적으로 물어볼 때에는 의문사를 사용해서 표현할 수 있어요. 의문사는 what(무엇), who(누구), where(어디), when(언제), why(왜), how(어떻게, 얼마나)가 있고, 주어가 하는 행동이나 행동을 하는 주체를 묻거나, 혹은, 장소, 시간, 날짜, 이유 등을 모두 직접적으로 물어볼 수 있어요. 의문사로 시작하는 의문문은 Yes, No로 대답할 수 없다는 점을 주의하세요.

| 무엇을 What | + | ~이니? are | + | 너는 you | + | 하는 중 doing? |
| 어디에 Where | + | | | | + | 가는 중 going? |

Key Point

현재진행형의 의문사 의문문			
의문사	be동사	주어	동사원형 + -ing
What	are	you	doing?
Where	is	he	going?
대답			
I am running.		He is going to the park.	

134 초등 기초영어법 1

 Target Vocabulary

청소하다 clean

열다 open

가져오다 bring

두고 오다 leave

만나다 meet

입다 wear

부수다 break

고치다 fix

✿ 질문과 답변이 이루어지도록 맞는 단어에 동그라미 하세요.

1. **What / Why** are you doing? — I am opening the door.

2. **Where / When** are you going? — We are going to the park.

3. **How / What** is she doing? — She is cleaning her room.

4. **What / When** are you going? — I am going there at 3:00.

5. **What / How** is he breaking? — He is breaking the red box.

6. **Who / What** are they meeting? — They are meeting their friend.

7. **When / What** are you wearing? — I am wearing a blue jacket.

8. **Who / What** is fixing the car? — My father is fixing the car.

Practice

⭐ 사진을 보고 빈칸을 채운 후 3번씩 소리 내어 읽어 보세요.

 너희들은 무엇을 하고 있니? - 우리는 방을 청소하고 있다.

　　　　are you doing? - We are cleaning the room.

 너는 어디에 가고 있니? - 나는 체육관에 가고 있다.

　　　　are you going? - I am going to the gym.

 그는 누구를 만나고 있니? - 그는 앤을 만나고 있다.

　　　　is he meeting? - He is meeting Ann.

 그들은 그곳에 어떻게 가고 있니? - 기차로.

　　　　are they going there? - By train.

 그는 여기에 언제 도착할 거니? - 4시 정각에.

　　　　is he arriving here? - At 4 o'clock.

 그녀는 왜 창문을 열고 있니? - 너무 어두워서.

　　　　is she opening the window? - It's too dark.

Learn more!　　방 room　　만나다 meet　　그곳에 there　　기차 train　　도착하다 arrive

😊 영어 문장을 3초 안에 해석하고 한글 뜻을 써보세요.

1 What is she doing?

_____

2 How is he going there?

_____

3 Where are you going?

_____

4 Who are they looking at?

_____

5 What is she wearing?

_____

6 Why are you going there?

_____

😊 한글 문장을 3초 안에 영어로 말하고 영어 문장을 써보세요.

1 너는 무엇을 하고 있니?

_____

2 너희들은 어디에 가고 있니?

_____

3 그는 누구를 만나고 있니?

_____

4 그녀는 무엇을 고치고 있니?

_____

5 그는 무엇을 입고 있니?

_____

6 우리는 왜 그곳에 가고 있니?

_____

Conversation

⭐ 그림을 보고 빈칸에 알맞은 문장을 골라 써보세요.

☆Sentences

Oh, that's Zetty! Who is she meeting?

Hi! I am going to the park.

She is meeting Brian.

Hi, Amy! Where are you going?

A 그림을 보면서 한글에 맞는 단어를 써보세요.

즐기다

노래하다

읽다

부수다

B 주어진 한글을 보고 맞는 단어에 동그라미 하세요.

1 나는 춤을 추는 중이다.

I am danceing / dancing .

2 우리는 달리는 중이다.

We are runing / running .

3 그들은 색칠하고 있지 않다.

They don't / aren't painting.

4 그는 자전거를 타고 있지 않다.

He doesn't / isn't riding a bike.

5 너는 이야기하는 중이니?

Are / Do you talking?

6 그녀는 쓰는 중이니?

Is / Are she writing?

7 그는 무엇을 열고 있니?

What / How is he opening?

8 누가 차를 고치고 있니?

Who / What is fixing the car?

C 사진을 보고 단어를 조합해서 문장을 완성해 보세요.

너는 아름답게 춤을 추고 있다.

beautifully　are　You　dancing　.

우리는 함께 달리고 있다.

running　We　together　are　.

그는 만화책을 읽고 있지 않다.

a comic book　isn't　He　reading　.

그들은 그 게임을 즐기고 있니?

they　Are　the game　enjoying　?

그녀는 친구들과 이야기하고 있니?

Is　her　to　she　talking　friends　?

그녀는 무엇을 입고 있니?

wearing　What　she　is　?

Self Check! 몇 문제를 맞혔는지 스스로 점검하고 체크해 보세요.

0~4 Good effort	5~8 Not bad	9~11 Good	12~15 Great	16~18 Excellent

불규칙 동사 변화표

★ 불규칙적으로 변하는 동사들의 과거형을 외워 보세요. 영어로 말하는 것이 훨씬 쉬워져요!

be - was, were
become - became
begin - began
blow - blew
break - broke
bring - brought
build - built
buy - bought
catch - caught
choose - chose
come - came
cost - cost
cut - cut
do - did
draw - drew
drive - drove
drink - drank
eat - ate
fall - fell
feed - fed
feel - felt
fight - fought

find - found
fly - flew
get - got
give - gave
go - went
grow - grew
hear - heard
hide - hid
hit - hit
hold - held
hurt - hurt
keep - kept
know - knew
leave - left
lose - lost
make - made
meet - met
pay - paid
put - put
read - read[red]
ride - rode
run - ran

say - said
see - saw
sell - sold
send - sent
shake - shook
sing - sang
sit - sat
sleep - slept
speak - spoke
spend - spent
stand - stood
swim - swam
take - took
teach - taught
tell - told
think - thought
throw - threw
understand - understood
wake - woke
wear - wore
win - won
write - wrote

Word List

★ 이 책에 나온 Target Vocabulary를 한눈에 확인해 보세요. 단어의 힘은 곧 영어의 힘이랍니다!

UNIT 1
- 나는 I
- 너는 You
- 그는 He
- 그녀는 She
- 우리는 We
- 너희들은 You
- 그들은 They

UNIT 2
- 영어 English
- 수학 math
- 과학 science
- 미술 art
- 음악 music
- 체육 P.E.

UNIT 3
- 먹다 eat
- 시리얼 cereal
- 샐러드 salad
- 수프 soup
- 마시다 drink
- 우유 milk
- 탄산음료 soda
- 커피 coffee

UNIT 4
- 사다 buy
- 사과 apple
- 배 pear
- 포도 grapes
- 팔다 sell

- 당근 carrot
- 양파 onion
- 감자 potato

UNIT 5
- 나를 me
- 너를 you
- 그를 him
- 그녀를 her
- 우리를 us
- 너희들을 you
- 그들을 them
- 좋아하다 like
- 싫어하다 hate
- 알다 know

UNIT 6
- 가다 go
- 오다 come
- 걷다 walk
- 학교 school
- 집 home
- 공원 park

UNIT 7
- 달리다 run
- 운동하다 work out
- 공부하다 study
- 체육관 gym
- 놀이터 playground
- 도서관 library

UNIT 8
- 일어나다 get up
- 이를 닦다 brush my teeth
- 옷을 입다 get dressed
- 숙제를 하다 do homework
- TV를 보다 watch TV
- 자다 go to bed

UNIT 9
- 행복한 happy
- 슬픈 sad
- 화난 angry
- 신이 난 excited
- 어머니 mother
- 아버지 father
- 누나, 언니, 여동생 sister
- 형, 오빠, 남동생 brother

UNIT 10
- 목이 마른 thirsty
- 배고픈 hungry
- 피곤한 tired
- 속상한 upset
- 삼촌, 외삼촌 uncle
- 이모, 고모 aunt
- 사촌 cousin
- 쌍둥이 twins

UNIT 11
- 좋은 good
- 나쁜 bad
- 심심한 bored
- 걱정하는 worried

- 수줍어하는 shy
- 외향적인 outgoing
- 용감한 brave
- 쾌활한 cheerful

UNIT 12
- ~에 (한 지점) at
- 버스 정류장 bus stop
- 지하철역 subway station
- 출구 exit
- ~에 (공간 내부) in
- 교실 classroom
- 박물관 museum
- 슈퍼마켓 supermarket

UNIT 13
- 이것 this
- 저것 that
- 이것들 these
- 저것들 those
- 책가방 backpack
- 공책 notebook
- 연필 pencil
- 지우개 eraser
- 자 ruler
- 책 book
- 크레용 crayon
- 가위 scissors

UNIT 14
- 월요일 Monday
- 화요일 Tuesday
- 수요일 Wednesday
- 목요일 Thursday
- 금요일 Friday

- 토요일 Saturday
- 일요일 Sunday
- 휴일 holiday
- 화창한 sunny
- 구름이 낀 cloudy
- 비가 오는 rainy
- 바람이 부는 windy

UNIT 15
- 상자 box
- 선물 present
- 왕관 crown
- 고깔모자 party hat
- 카드 card
- 양초 candle
- 깃발 flag
- 풍선 balloon

UNIT 16
- 케이크 cake
- 빵 bread
- 치즈 cheese
- 피자 pizza
- 아이스크림 ice cream
- 초콜릿 chocolate
- 물 water
- 주스 juice

UNIT 17
- 요리하다 cook
- 그리다 draw
- 운전하다 drive
- 달리다 run
- 노래하다 sing
- 춤추다 dance

- 스케이트를 타다 skate
- 수영하다 swim

UNIT 18
- 읽다 read
- 색칠하다 paint
- 먹다 eat
- 보다 look
- 만들다 make
- 타다 ride
- 자르다 cut
- 치다 hit

UNIT 19
- 경기하다, 놀다 play
- 이야기하다 talk
- 즐기다 enjoy
- 쓰다 write
- 야구 baseball
- 농구 basketball
- 축구 soccer
- 배구 volleyball

UNIT 20
- 청소하다 clean
- 열다 open
- 가져오다 bring
- 두고 오다 leave
- 만나다 meet
- 입다 wear
- 부수다 break
- 고치다 fix

UNIT 1

Check up

1 I am Luna.

2 You are Leo.

3 He is Tony.

4 She is Bella.

5 We are brothers.

6 You are sisters.

7 They are my friends.

8 Tony and Bella are my friends.

Practice 1

1 I

2 This

3 He

4 We

5 She

6 They

Conversation

Practice 2

1 나는 메리야.

2 이 아이는 리오야.

3 너는 나의 친구야.

4 그녀는 나의 언니야.

5 그는 나의 오빠야.

6 그들은 나의 친구야.

1 We are brother and sister.

2 This is my friend.

3 He is my brother.

4 She is my mom.

5 This is my dad.

6 They are my parents.

UNIT 2

Check up

1 I like English.
2 You love math.
3 He likes science.
4 She loves art.
5 We love music.
6 They like P.E.

Practice 1

1 like
2 loves
3 love
4 hate
5 like / likes
6 loves / hates

Practice 2

1 나는 과학을 좋아한다.
2 우리는 역사를 아주 좋아한다.
3 그는 수학을 싫어한다.
4 그녀는 음악을 아주 좋아한다.
5 그들은 영어를 공부한다.
6 너는 미술을 좋아하지만 체육은 싫어한다.

1 They like P.E.
2 He loves music.
3 We hate science.
4 She likes English.
5 You study history.
6 I learn math.

Conversation

I love music.
나는 음악을 아주 좋아해.

He likes science.
그는 과학을 좋아해.

She likes art.
그녀는 미술을 좋아해.

They like P.E.
그들은 체육을 좋아해.

UNIT 3

Check up

1 I don't eat cereal.

2 We don't eat salad.

3 He doesn't eat soup.

4 They don't drink milk.

5 She doesn't drink soda.

6 You don't drink coffee.

Practice 1

1 don't / eat

2 don't / drink

3 don't / eat

4 doesn't / drink

5 doesn't / eat

6 don't / drink

Practice 2

1 우리는 시리얼을 먹지 않는다.

2 너는 샐러드를 먹지 않는다.

3 그는 탄산음료를 마시지 않는다.

4 그녀는 초밥을 먹지 않는다.

5 나는 레모네이드를 마시지 않는다.

6 그들은 물을 마시지 않는다.

1 I don't eat salad.

2 We don't drink milk.

3 She doesn't drink coffee.

4 They don't eat steak.

5 You don't drink tea.

6 He doesn't eat tacos or pizza.

Conversation

UNIT 4

Check up

1 Do you buy apples?
2 Do we sell onions?
3 Does he buy grapes?
4 Do they buy pears?
5 Does she buy carrots?
6 Does Leo sell potatoes?

Practice 1

1 Do / buy
2 Does / buy
3 Does / sell
4 Do / sell
5 Does / eat
6 Do / drink

Practice 2

1 너는 감자를 사니?
2 그는 여기에서 양파를 파니?
3 그들은 사과와 배를 좋아하니?
4 그녀는 브로콜리를 싫어하니?
5 우리는 12시에 점심을 먹니?
6 루나는 자주 주스를 마시니?

1 Does he like grapes?
2 Do you hate onions?
3 Do you buy pears?
4 Do they sell carrots?
5 Does Leo eat lunch?
6 Does Bella drink coffee?

Conversation

Ⓐ 1

우리는
We

2

사다
buy

3

과학
science

4

시리얼
cereal

Ⓑ 1 I
2 You
3 love
4 loves
5 doesn't
6 don't
7 Do
8 Does

Ⓒ 1 We are brother and sister.
2 I like science.
3 We don't eat cereal.
4 He doesn't drink soda.
5 Do you buy pears?
6 Does she hate broccoli?

UNIT 5

Check up

1   I like her.

2   He likes us.

3   We like him.

4   They like me.

Practice 1

1   them

2   him

3   her

4   us

5   me

6   you

Practice 2

1   나는 그들을 안다.

2   그녀는 그를 싫어한다.

3   그들은 우리를 좋아한다.

4   리오는 나를 안다.

5   나의 친구들도 역시 그녀를 좋아한다.

6   그의 학급 친구는 너를 싫어한다.

1   We like him.

2   They hate me.

3   He knows us.

4   Bella hates them.

5   His mom knows you.

6   My brother likes her.

Conversation

149

UNIT 6

Check up

1 I go to school.
2 You come home.
3 We walk to the park.
4 He comes home.
5 She goes to the park.
6 They walk home.

Practice 1

1 walk
2 go
3 come
4 goes
5 comes
6 walk

Practice 2

1 나는 공원에 걸어간다.
2 우리는 함께 학교에 간다.
3 너는 8시 정각에 학교에 온다.
4 그녀는 혼자 공원에 간다.
5 그는 여동생과 함께 학교에 걸어간다.
6 그들은 정시에 학교에 온다.

1 You go to the park every day.
2 I come home at 2:00.
3 We walk to school.
4 He comes to school on time.
5 She walks to the park.
6 They go home together.

Conversation

UNIT 7

Check up

1 You don't run at the gym.
2 We don't work out at the playground.
3 He doesn't study at the library.
4 They don't run at the gym.
5 She doesn't work out at the playground.
6 I don't study at the library.

Practice 1

1 don't / run
2 don't / work out
3 don't / study
4 doesn't / run
5 doesn't / study
6 don't / work out

Practice 2

1 우리는 놀이터에서 달리지 않는다.
2 너는 도서관에서 공부하지 않는다.
3 그는 전혀 운동하지 않는다.
4 그녀는 복도에서 달리지 않는다.
5 토니는 집에서 공부하지 않는다.
6 그들은 함께 운동하지 않는다.

1 I don't run every day.
2 We don't study together.
3 She doesn't work out alone.
4 He doesn't run at the gym.
5 You don't study at home.
6 They don't work out at all.

Conversation

I don't study at the library.
I study at home.
나는 도서관에서 공부하지 않아.
나는 집에서 공부해.

Jason works out at the gym.
He doesn't work out at the park.
제이슨은 체육관에서 운동해.
그는 공원에서 운동하지 않아.

She doesn't run at the gym.
그녀는 체육관에서 달리지 않아.

They don't walk to school.
그들은 학교에 걸어가지 않아

UNIT 8

Check up

1 Do you get up?

2 Do we do homework?

3 Do they get dressed?

4 Does he brush his teeth?

5 Does she watch TV?

6 Does Luna go to bed?

Practice 1

1 Do / get up

2 Does / get

3 Does / do

4 Do / brush

5 Does / watch

6 Do / go

Practice 2

1 너는 일찍 일어나니?

2 그는 언제 옷을 입니?

3 우리는 함께 숙제를 하니?

4 그녀는 8시에 이를 닦니?

5 그들은 저녁에 TV를 보니?

6 루나는 늦게 자니?

---

1 Does he get up late every day?

2 Do you brush your teeth after lunch?

3 Do you go to school at 8:00?

4 Do they do their homework together?

5 Does Tony watch TV at night?

6 Does Bella go to bed early?

Conversation

UNIT 5-8 Review

Ⓐ **1**

도서관
library

2

학교
school

3

공부하다
study

4

옷을 입다
get dressed

Ⓑ
1 us
2 me
3 walk
4 comes
5 don't
6 don't
7 Do
8 Does

Ⓒ
1 They like us.
2 My brother likes her.
3 She goes to the park alone.
4 They go home together.
5 She doesn't work out alone.
6 Do they watch TV in the evening?

UNIT 9

Check up

1 I am happy.

2 You are sad.

3 He is angry.

4 We are excited.

5 She is my mother.

6 He is my father.

7 She is my sister.

8 They are my brothers.

Practice 1

1 am   4 is

2 are   5 are

3 is   6 are

Practice 2

1 나는 행복하다.

2 우리는 심심하다.

3 너는 슬프고 화가 난다.

4 그녀는 나의 언니이다.

5 그는 나의 남동생이다.

6 그들은 나의 부모님이다.

1 We are very happy.

2 I am angry now.

3 He is worried.

4 She is my older sister.

5 You are my younger brother.

6 They are my friends.

Conversation

UNIT 10

Check up

1 I am not thirsty.

2 He is not hungry.

3 We aren't tired.

4 She isn't upset.

5 He isn't my uncle.

6 She isn't my aunt.

7 They aren't my cousins.

8 You aren't twins.

Practice 1

1 am / not

2 aren't

3 isn't

4 isn't

5 aren't

6 isn't

Practice 2

1 나는 속상하지 않다.

2 그녀는 피곤하지 않다.

3 우리는 목마르거나 배고프지 않다.

4 나는 너의 이모가 아니다.

5 너희들은 쌍둥이가 아니다.

6 그는 나의 삼촌이 아니다.

1 He isn't full.

2 We aren't thirsty.

3 I am not busy at all.

4 She isn't my aunt.

5 You aren't my cousins.

6 They aren't my parents.

Conversation

Oh, your cat? She looks tired.
오, 네 고양이야? 그녀는 피곤해 보이네.

I don't think so. She is not tired.
아닌 것 같아. 그녀는 피곤하지 않아.

I'm not tired.
나는 피곤하지 않아.

Upset?
화났나?

She is not upset.
그녀는 화나지 않았어.

I'm not upset.
난 화나지 않았어.

I think she is hungry.
그녀는 배고픈 것 같아.

Oh, yes! Yummy!
오, 맞아! 맛있겠다!

UNIT 11

Check up

1 Are you good?

2 Are you bored?

3 Is he outgoing?

4 Is she shy?

5 Am I brave?

6 Are they worried?

Practice 1

1 Am / aren't

2 Are / are

3 Is / isn't

4 Is / is

5 Are / not

6 Are / are

Practice 2

1 너는 용감하니?

2 나는 외향적이니?

3 그녀는 친절하니?

4 그들은 나쁘니?

5 너희들은 다정하니?

6 그는 게으르니 아니면 부지런하니?

1 Am I brave?

2 Are you worried?

3 Is she friendly?

4 Are they bored?

5 Is he good or bad?

6 Are you busy these days?

Conversation

UNIT 12

Check up

1 We are in the classroom.
2 They are at the exit.
3 He is at the bus stop.
4 She is in the supermarket.

Practice 1

1 am / in(at)
2 are / at
3 is / at
4 is / in(at)
5 are / in(at)
6 is / at

Practice 2

1 나는 학교에 있다.
2 우리는 교실 안에 있다.
3 너는 지하철역에 있다.
4 그녀는 시골에 있다.
5 그는 슈퍼마켓 안에 있다.
6 그들은 버스 정류장에 있다.

1 He is at home.
2 We are at school.
3 She is in the movie theater.
4 They are at the subway station.
5 I am in the library.
6 My teacher is in the classroom.

Conversation

157

A 1

수줍어하는
shy

2

신이 난
excited

3

목이 마른
thirsty

4

슈퍼마켓
supermarket

B 1 am
2 are
3 am not
4 isn't
5 Is
6 Is
7 in
8 at

C 1 We are bored.
2 They are my friends.
3 He isn't my uncle.
4 Is he lazy or diligent?
5 Are you busy these days?
6 She is in the countryside.

UNIT 13

Check up

1 This is a backpack.

2 That is an eraser.

3 These are notebooks.

4 Those are scissors.

Practice 1

1 This / It
2 These / They
3 That / It
4 Those / They
5 This / It
6 Those / They

Practice 2

1 저것은 자이다.
2 이것은 지우개이다.
3 이것들은 가위이다.
4 저것들은 교과서이다.
5 그것은 필통이다.
6 그것들은 종이 클립이다.

1 This is a pencil.
2 That is a backpack.
3 These are crayons.
4 Those are paper clips.
5 It is a notebook.
6 They are scissors.

Conversation

UNIT 14

Check up

1 It is cloudy.

2 It is Monday.

3 It is 7:30.

4 It is June 3rd.

Practice 1

1 It

2 It

3 It

4 It

5 It

6 It

Practice 2

1 오늘 무슨 요일이니?

2 목요일이다.

3 덥고 화창하다.

4 몇 시니?

5 12시 정각이다.

6 10월 26일이다.

1 It is windy today.

2 It is summer.

3 It is my birthday.

4 It is 5 o'clock.

5 How is the weather?

6 What day is it today?

Conversation

UNIT 15

Check up

1   There is a crown.
2   There are ten party hats.
3   There aren't balloons.
4   There isn't a card.
5   Is there a candle?
6   Are there boxes?

Practice 1

1   There / is
2   There / are
3   isn't / is
4   aren't / are
5   Are / are
6   Is / isn't

Practice 2

1   양초가 하나 있다.
2   선물이 많이 있다.
3   탁자 위에 상자들이 없다.
4   책상 위에 카드가 없다.
5   상자 안에 공책들이 있니?
6   가방 안에 필통이 있니?

1   There is a balloon in the box.
2   There are five pencils in the pencil case.
3   Is there a present on the desk?
4   There isn't an eraser on the book.
5   Are there party hats on the chair?
6   There aren't scissors on the table.

Conversation

161

UNIT 16

Check up

1 There is some bread.
2 There isn't any cheese.
3 Is there any water?
4 There are some carrots.
5 There are some eggs.
6 There aren't any apples.
7 There is some juice.
8 Is there any pizza?

Practice 1

1 is / some
2 isn't / any
3 Is / any
4 is / some
5 Are / any
6 isn't / any

Practice 2

1 남은 빵이 조금 있다.
2 딸기가 조금 있다.
3 초콜릿 우유가 조금도 없다.
4 유리잔에 물이 조금 있다.
5 그릇에 수프가 조금 있니?
6 바닥에 개미들이 조금도 없다.

1 There are some apples.
2 There is some pizza left.
3 There isn't any cake on the table.
4 There isn't any water in the bottle.
5 Is there any ice cream in the box?
6 Are there any eggs in the basket?

Conversation

There is some pizza and spaghetti. Help yourself!
피자와 스파게티가 조금 있어. 많이 먹어!

Look! There is cake on the table.
봐! 테이블 위에 케이크가 있어.

Is there any ice cream in the box?
상자 안에 아이스크림이 조금 있니?

Yes, there is.
응, 있어.

Let's sing happy birthday!
생일 축하 노래를 부르자!

There are many candles.
양초가 많이 있어.

Ⓐ

1

빵
bread

2

가위
scissors

3

고깔모자
party hat

4

휴일
holiday

Ⓑ
1   This
2   Those
3   It
4   It
5   is
6   aren't
7   some
8   any

Ⓒ
1   These are crayons.
2   It is hot and sunny.
3   How is the weather today?
4   There are five pencils in the pencil case.
5   There isn't any water in the bottle.
6   Are there any eggs in the basket?

UNIT 17

Check up

1 She is singing.

2 I am dancing.

3 We are running now.

4 They are cooking.

5 He is driving right now.

6 You are swimming.

Practice 1

1 are / singing

2 am / skating

3 is / waiting

4 is / standing

5 is / raining

6 are / swimming

Practice 2

1 나는 지금 스케이트를 타고 있다.

2 우리는 그림을 그리고 있다.

3 너는 아름답게 춤을 추고 있다.

4 그녀는 운동장에서 달리고 있다.

5 그들은 주방에서 요리하고 있다.

6 나의 아버지는 트럭을 운전하고 있다.

1 I am walking in the park.

2 He is driving fast now.

3 They are swimming in the sea.

4 It is snowing now.

5 We are running together.

6 She is skating with her sister.

Conversation

UNIT 18

Check up

1 I am not reading.

2 They aren't painting.

3 We aren't eating.

4 She isn't looking at me.

5 He isn't riding a bike.

6 Leo isn't hitting the ball.

Practice 1

1 isn't / making

2 isn't / cutting

3 aren't / eating

4 am / not / riding

5 aren't / looking

6 isn't / reading

Practice 2

1 나는 지금 색칠하는 중이 아니다.

2 우리는 연을 만드는 중이 아니다.

3 그녀는 공을 치는 중이 아니다.

4 지금 비가 오는 중이 아니다.

5 그들은 스케이트보드를 타는 중이 아니다.

6 그는 만화책을 읽는 중이 아니다.

1 We aren't sleeping now.

2 They aren't looking at each other.

3 He isn't cutting the bread.

4 I am not walking at the park.

5 You aren't making a paper airplane.

6 She isn't reading a newspaper.

Conversation

Look! Tony is riding a bike!
봐! 토니가 자전거를 타고 있어!

No, he isn't riding a bike.
He is riding a skateboard.
아니야, 그는 자전거를 타고 있지 않아. 그는 스케이트보드를 타고 있어.

Oh! Leo is reading a newspaper!
오! 리오가 신문을 읽고 있어!

He isn't reading a newspaper.
He is reading a comic book!
그는 신문을 읽고 있지 않아. 그는 만화책을 읽고 있어!

Check up

1   Are you talking?

2   Is she writing?

3   Are they jogging?

4   Is he enjoying soccer?

5   Are we playing baseball?

6   Am I sitting down here?

Practice 1

1   Are / enjoying

2   Are / playing

3   Is / sitting

4   Are / writing

5   Is / talking

6   Am / dreaming

Practice 2

1   너는 축구를 하고 있니?

2   그는 에세이를 쓰고 있니?

3   그들은 게임을 즐기고 있니?

4   그녀는 엄마에게 이야기하고 있니?

5   그는 팬케이크를 만들고 있니?

6   그들은 소파에 앉아 있니?

1   Are you playing baseball?

2   Is she talking to her friends?

3   Is he doing his homework?

4   Are they enjoying volleyball?

5   Are you reading a novel?

6   Is she writing a letter?

Conversation

UNIT 20

Check up

1. What are you doing?
2. Where are you going?
3. What is she doing?
4. When are you going?
5. What is he breaking?
6. Who are they meeting?
7. What are you wearing?
8. Who is fixing the car?

Practice 1

1. What
2. Where
3. Who
4. How
5. When
6. Why

Practice 2

1. 그녀는 무엇을 하고 있니?
2. 그는 어떻게 그곳에 가고 있니?
3. 너는 어디에 가고 있니?
4. 그들은 누구를 보고 있니?
5. 그녀는 무엇을 입고 있니?
6. 너는 왜 그곳에 가고 있니?

---

1. What are you doing?
2. Where are you going?
3. Who is he meeting?
4. What is she fixing?
5. What is he wearing?
6. Why are we going there?

Conversation

Hi, Amy! Where are you going?
안녕, 에이미! 너 어디 가고 있니?

Hi! I am going to the park.
안녕! 나는 공원에 가고 있어.

She is meeting Brian.
그녀는 브라이언을 만나고 있어.

Oh, that's Zetty!
Who is she meeting?
오, 저기 제티다! 그녀는 누구를 만나고 있지?

UNIT 17-20 Review

A 1
즐기다
enjoy

2
노래하다
sing

3
읽다
read

4
부수다
break

B 1 dancing
2 running
3 aren't
4 isn't
5 Are
6 Is
7 What
8 Who

C 1 You are dancing beautifully.
2 We are running together.
3 He isn't reading a comic book.
4 Are they enjoying the game?
5 Is she talking to her friends?
6 What is she wearing?